Martin Du Cygne

Ars Rhetorica

Martin Du Cygne

Ars Rhetorica

ISBN/EAN: 9783742862235

Manufactured in Europe, USA, Canada, Australia, Japa

Cover: Foto ©ninafisch / pixelio.de

Manufactured and distributed by brebook publishing software (www.brebook.com)

Martin Du Cygne

Ars Rhetorica

PRÆFATIO.

MI LECTOR, ab annis duodecim scripsi Rhetoricam meis discipulis: nam cùm cernerem in multis Authoribus desiderari nonnulla, ut perspicuitatem, ut brevitatem, ut delectum exemplorum, ut ordinem, ut necessarios etiam tractatus, existimavi nihil tam optandum adolescentibus, quam apta Rhetoricæ præcepta. Quare non multò post quidem illam Rhetoricam edidi: non quod meliorem aliis venditarem (fuisset arrogantis,) sed ut aliquid studio, si possem, ad commune bonum conferrem. Mihi jam, plurium annorum usu, magistro licuit discere, et optimorum authorum inventis addere, et denique perficere opus, quod semel in scholis suscepi. En causa hujus reddendæ prælo Rhetoricæ. Alterum moneo, nempe me multa, in primo præsertim libro, de adjunctis, et affectibus, et modo variandæ orationis dicere, quæ alicui fortasse longiora videantur. Verùm ego existimo debere me in hac vasta arte complecti omnia, nihil, quod sit momenti, prætermittere: possunt autem multa, et debent adolescentibus prælegi, quæ ediscere memoriter non est necesse, ut sunt longa exempla, aut disputatio subtilior, aut quid hujusmodi. Tum primus et secundus liber erit expeditior in classe Rhetorices, si tertius antè fuerit poëtis traditus.   Vale.

DE APPARATU,

SEU DE IIS QUÆ UNIVERSIM

AD ARTEM RHETORICÆ

PERTINENT.

CAPUT UNICUM.

QUATUOR universim quæri possunt de arte Rhetoricæ: 1. Quæ sit natura et finis: 2. Quæ materia: 3. Quæ subsidia: 4. Quæ partes.

I. Unde Rhetorica ducit originem? ℟. A verbo ῥέω, quod latinè significat fluo, fluidè loquor: eò quod Rhetorica sit Ars tradens præcepta fluentis Orationis sumptâ ab aquis bellè fluentibus metaphorâ.

Quomodo Rhetorica differt ab Eloquentiâ? ℟. Differt in eo, quod Rhetorica sit Ars ipsa, quæ præcepta dicendi continet: Eloquentia sit exercitium, seu usus præceptorum. Ita inter Rhetorem, et Oratorem est discrimen: Rhetor enim vocatur, qui Rhetoricæ præcepta tradit, vel explanat: Orator verò, qui in foro et concionibus illa exercet.

Quomodò definitur Rhetorica? ℟. Definitur Ars vel scientia benè dicendi: hoc est ornatò, graviter, et copiosè loquendi. *Quintil lib.* 2, *cap.* 16. Ars autem est facultas constans quibusdam præceptis cognitis, quæ non fallunt. *Cicero de claris Oratoribus.*

Quomodò differt Rhetorica à Grammaticâ, Historiâ, Poësi, Philosophiâ? ℞. Differt in eo, quod Grammatica sit Ars emendatè loquendi, Historia simpliciter narrandi, Poësis imitandi et fingendi, Philosophia pressè et interruptè disputandi: quare hæc pugno, Rhetorica palmæ comparatur.

Quis est finis et officium Rhetoricæ? ℞. Finis Rhetoricæ est Oratorem formare: officium præcepta tradere atque exponere. At officium Oratoris est accommodatè ad persuadendum dicere: finis, persuadere dictione. Quod fit docendo, movendo, delectando: docemus argumentis, et argumentatione: movemus amplificatione, et affectibus: delectamus cultu, suavi, et apto dicendi genere. *Cic. de Invent. lib.* 1. *Quintil. lib.* 2. *cap.* 15. De quibus sigillatim suo loco.

II. Quæ est Materia Rhetoricæ? ℞. Est quævis quæstio ad dicendum proposita. Nam Materia cujusque artis est ea, circa quam ars versatur: ut, *si medicinæ materiam dicamus morbos et vulnera*, quod in his omnis medicina versatur. *Cicero de Invent. lib.* 2.

Quotuplex est quæstio? ℞. Duplex: Altera infinita (quæ et Græcè thesis, et Latinè propositum dicitur) cùm aliquid generatim quæritur; estque hæc quæstio absoluta à certis personis, locis, temporibus, actionibus, negotiis, et similibus circumstantiis: v. g. *Estne studendum.* Altera finita (quæ et Græcè hypothesis, Latinè causa et controversia appellatur), cùm aliquid speciatim quæritur; estque hæc quæstio contracta ad certas personas, loca, tempora, actiones, negotia, et similes circumstantias: v. g. *Estne studendum Ciceronis eloquentiæ in Belgio, adolescentibus, belli tempore.*

Rursus ex his nascitur alia duplex quæstio: prima, est cognitionis, cujus finis est tantùm scire; ut, *an Sol sit major terrâ.* Altera, est actionis, cujus finis est aliquid efficere; ut, *quibus officiis amicitia sit colenda.*

Quot sunt genera, in quibus fieri potest quæstio? ℞. Tria: genus judiciale, deliberativum, et demonstrativum (quod alii exornativum et epidicticum vocant) quasi in hoc genere res demonstrentur et exornentur magis, quam probantur.

Quid spectatur in genere judiciali? ℞. Accusatio et defensio, ut ejus partes; punitio et impunitas, ut finis; sævitia et clementia, ut motus.

Quid spectatur in genere deliberativo? ℞. Suasio et dissuasio, ut partes; utilitas et detrimentum, ut finis; spes et timor, ut motus. Nam finis, quem sibi proponit Orator in suadendo, est ostendere rem esse utilem, quam suadet; movetque deliberantem ad spem maximè; in dissuadendo contra esse inutilem ostendere; et in reformidationem pertrahit.

Quid spectatur in genere demonstrativo? ℞. Laus et vituperatio, ut partes; honestas et turpitudo, ut finis; delectatio et indignatio, ut motus.

III. Quibus et quot rebus comparatur Rhetorica? ℞. Quatuor: Naturâ, Arte, Exercitatione, Imitatione. *Cic. de Orat. Quintil. lib. 3. cap. 5.*

Quid confert Natura ad eloquentiam? ℞. Confert

ex parte animi, ingenium, judicium, aliaque dona ad inveniendum, disponendum, et eloquendum: ex parte verò corporis, formam, valetudinem, vocem, gestum. *Cic. de Orat. lib.* 1.

Quid confert Ars ad eloquentiam? ℞. Præcepta certa, et longâ doctorum animadversione usuque comprobata. Ars enim certior est dux, quam natura, hancque maximè perficit: quare pauci, etsi magnis ingeniis præditi, sine arte eloquentiam sunt consecuti. *Cic. de Orat. lib.* 2. Cæterùm, utra plus conferat eloquentiæ, ars, an natura, consule Quintilianum. *Inst. lib.* 2. *cap.* 19.

Quid confert Exercitatio ad eloquentiam? ℞. Auget, et conservat, quæ ars expolivit in naturâ. Verùm exercitatio quatuor complectitur:

I. Lectionem cùm omnium pro materia, tum unius probatissimi Authoris pro stylo ac forma.

II. Meditationem, ut sumatur spatium ad cogitandum, ne perversè et extemplò dicatur.

III. Scriptionem: nam cùm stylus sit optimus dicendi effector, magni interest sæpè scribere.

IV. Emendationem eorum, quæ primùm scripta sunt. Emendationis autem tres sunt partes, adjicere, detrahere, mutare, eaque tria optimè præstare possumus, si quæ primo calore effudimus, in aliquod tempus reposita, per intervallum sæpè regustemus, et tanquam aliena legamus, damnando quæ placuerant, et inveniendo quæ fugerant. Hæc et plura de exercitatione præcipit Fabius *lib.* 10. *cap,* 8. 4. 5. 6. 7.

Quid confert Imitatio ad eloquentiam? ℞. Imitatio

confert, ut optimo cuique Authori similes in dicendo evadamus, et quæ sunt in eo summa, diligenter prosequamur. *Quintil. lib.* 10. *cap.* 2.

Quotuplex est imitatio? ℞) Duplex: alia dictionis, quæ in verbis et sententiis, vel iisdem, vel paululum immutatis sita est. Sic Catilinariæ 1ᵐ· exordium facile est vel pueris imitari: *Quousque, tandem abutére, Peccator, patientiá diviná? quamdiu hanc etiam vita ista tua eludet? quem ad finem sese inveterata jactabit impietas? nihilne te impendentia mortis pericula, nihil inferorum pœna, nihil terror conscientiæ, nihil incursus dæmonum, nihil severissimum judicis tribunal, nihil hujus os, vultusque moverunt? patere tua scelera non sentis? etc.*

Alia imitatio est rerum, cùm ejus, quem imitamur, inventionem, aut dispositionem, aut elocutionem, in re simili, vel dispari exprimimus. Ita Cicero Græcos, Virgilius Homerum sæpè imitatus est cum laude. Ac Cicero quidem quomodo Demosthenem fuerit imitatus, in exordio pro Muræna, et in oratione funebri militum Philippica XIV et alibi, vide apud Causinum *Eloq. lib.* 3. *cap.* 17. ne sim prolixior. Tum quomodo Virgilius sit imitator Homeri, ostendimus in Arte Poëtica, articulo ultimo.

Hìc breviter appono exemplum ex innumeris unum; vis imitari exordium pro Dejotaro, illud applica Christo patienti: et dic te maximè commoveri ob causas quatuor: primùm, quod cernas hominem Deum in crucem actum, quem paulò antè tota civitas venerabatur. Deinde, dicas te Judæorum crudelitate, et proditoris

Judæ indignitato perturbari: tum te æterni Patris clementiam mirari, qui ad hæc scelera connivet. Quarto, movearis rerum prodigiis, ut obscurati solis, terræ motûs, &c. Eodem modo per orationem pro Milone imtari potest duplici prosopopæiâ, unâ morientis Christi ad peccatorem, alterâ peccatoris ad Christum.

Sed cavendum est, ne studio imitandi usque eò ducamur, ut nostra repudiemus, et omnia ex alterius ore loqui velimus; quæ magna servitus est, atque ingenii contractio. Imò monet Quintilianus *citato lib.* 10. *cap.* 2. conandum esse aliquid supra eos, quos imiteris. Adde quod plerumque facilius est plus facere, quàm idem. Denique optima est imitatio, si in ea non appareat, quod imitati sumus; vel certè si appareat, aliud ab illo videatur esse.

IV. Quæ et quot sunt partes Rhetoricæ? ℞. Quinque: inventio, dispositio, elocutio, memoria, pronuntiatio Oportet enim primò invenire quid dicas, deinde inventa disponere, tum ornare verbis, post memoriæ mandare, ad extremum agere. *Quint. lib.* 3. *cap.* 3. *Cic. de Orat.* 2 *de Inv. lib.* 10.

Quid est inventio? ℞. Est excogitatio rerum verarum aut verisimilium, quæ quæstionem probabilem reddant.

Quid est dispositio? ℞. Est rerum inventarum in ordinem distributio.

Quid est Elocutio? ℞. Est idoneorum verborum, et sententiarum, ad inventionem accommodatio.

Quid est Memoria? ℞. Est orationis firma perceptio.

Quid est Pronuntiatio? ℞. Est ex rerum et verborum dignitate corporis et vocis moderatio.

R. P. MARTINI DU CYGNE
ARS RHETORICA.

LIBER PRIMUS.
DE
PRIMA PARTE RHETORICÆ
SEU DE INVENTIONE.

QUONIAM finis oratoris est persundere dictione, persuasio autem conficitur fide, et motu; hinc quatuor invenienda sunt Oratori, Argumenta, et Argumentatio; Amplificatio, et Affectus. Duo valent ad fidem faciendam, convincendamque intelligentiam, Argumenta, et Argumentatio. Ad motum, seu voluntatem pertrahendam duo, Amplificatio, et Affectus. *Cicero in partit.*

CAPUT PRIMUM.
De Argumentis.

QUID est Argumentum? ℟. Est inventum ad faciendam fidem, id est, ad persuadendum; ut, *si velis fidem facere Rhetoricam esse expetendam, invenies, quod sit ars bene dicendi.* Cicero in partit.

Quotuplicia sunt argumenta? ℟. Triplicia: alia certa, alia probabilia, alia dubia. *Quintil. lib. 5. cap. 10.*

Quænam argumenta sunt certa? ℟. *Primò* quæ sensibus percipiuntur, ut quæ videmus, audimus. *Secundò*, quæ communi hominum opinione sunt comprobata; ut, *afficiendos esse honore parentes*. *Tertiò*, quæ legibus cauta sunt, aut in mores recepta. *Quartò*, quæ ita probata sunt, ut his ipse adversarius non contradicat.

Quænam argumenta sunt probabilia? ℟. *Primo*, Ea, quæ fere semper accidunt (et dicuntur firmissima) ut, *liberos à parentibus amari*. *Secundò*, Ea, quæ communi æstimatione propè certa sunt (et dicuntur propensiora) ut, *eum, qui rectè valet, in crastinum perventurum*. *Tertiò*, Ea, quæ simplicem aliquam speciem habent veritatis (et dicuntur non repugnantia) ut, *in domo furtum ab eo, qui domi fuit*. Quintil. ibid.

Quænam argumenta sunt dubia? ℟. Quæ ambiguam faciunt fidem. Verùm ad probandum id, quod est dubium, id, quod probabile est, potest adhibêri: v. g. sit dubium an omnes Catilinæ socii conjurârint, sumetur illud, quod probabile est; *homines æris alieni magnitudine oppressos, eos denique egentes et sumptuosos facile adduci ut conjurent*. Idem.

Unde sumuntur argumenta? ℟. Ex locis oratoriis, quos appellat Cicero argumentorum sedes, in quibus latent, et ex quibus sunt petenda. *Cicero in Top. in partit.*

Quare si vis in dicendo excellere, habe hos locos in promptu: Deinde ubi res ad dicendum proponetur, inspice diligenter, et cum judicio selige: neque enim semper, nec in omnibus causis, nec ex iisdem locis eadem argumentorum momenta sunt. *Aristot. lib.* 1. *cap.* 24 *Quint. loco citato.*

Quotuplex est Locus? ℟. Duplex: Intrinsecus, seu cum re conjunctus; et Extrinsecus, seu remotus, forisque assumptus.

Quot sunt loci intrinseci? ℟. Quindecim: Definitio, Enumeratio partium, Notatio, Conjugata, Genus, Forma, Similitudo, Dissimilitudo, Comparatio, Repugnantia, Adjuncta, Antecedentia, Consequentia, Causæ, Effecta. *Idem ibid.*

Quot sunt Loci Extrinseci? ℟. Sex: Præjudicia, Fama, Tabulæ, Jusjurandum, Tormenta, Testes.

Quid est Definitio? ℟. Est oratio, qua quid sit res, explicatur. *Cicero in Topic.*

Quis est modus aliquid definiendi? ℟. Sumendum est aliquid definito commune cum aliis rebus: deinde aliquid ipsi particulare: v. g. *Rhetorica est ars benè dicendi.* Ars enim est aliquid commune Rhetoricæ cum aliis scientiis: benè dicendi verò in particulari, solius est Rhetoricæ: sic gloria definitur *esse clara cum laude notitia*. Agricola lib. 3. cap. 6.

Quotuplex est definitio? ℟. Duplex: alia propria, quæ ad Philosophos pertinet, ex genere et differentia: v. g. *Homo est animal rationis particeps.*

Alia impropria, quæ oratorum est descriptio, daturque,

I. vel per causas: ut, *Homo est animal à Deo procreatum ad beatitudinem, ex mortali corpore, ratione præditum.*

II. vel per proprietates, et accidentia; ut, *Canis est animal, cujus est fida custodia, amans dominorum adulatio, odium in externos, incredibilis ad investigandum sagacitas narium, alacritas in venando, etc.*

III. vel per effecta: ut, *Sol efficit diem luce diffusâ tempora moderatur, et calore suo terræ frugibus maturitatem adfert.*

IV. vel per negationem et affirmationem: ut, primùm dicatur quod non est res, et per ironiam rejiciatur: deinde vera rei natura afferatur. Sic eleganter Cicero pro domo sua definit populum Rom. et primò docet quid non sit populus. *An tu populum Rom. esse illum putas, qui constat ex iis, qui mercede conducuntur? qui impelluntur, ut vim afferant Magistratibus? ut obsideant Senatum? optent quotidie cædem, incendia, rapinas?* tum per ironiam: *O speciem dignitatemque populi Rom. quam Reges, quam nationes exteræ quam gentes ultimæ pertimescunt, multitudinem hominum ex servis conductis, ex facinorosis, ex egentibus conflatam.* Tandem subjicit quid sit populus. *Ille, ille populus est dominus Regum, victor atque imperator omnium gentium.*

Nos studiosum adolescentem, amicum, regem, et quidlibet definire possumus ad normam horum exemplorum.

Quid est Notatio seu Etimologia? ℞. Est ratio quæ verborum originem aut vim explicat: ut, *Senatus à senibus dicitur, consul est qui consulit patriæ; Non igitur Piso consul, qui eam evertit.* Cicero in Topic. Quintil. lib. 5. c. 10. Agricola lib. 2. c. 22.

Quando Orator hoc præsertim loco utitur? ℞. Cùm in nomine aliquo laudem, aut dedecus quærit. Ita in nomen Verris sæpè jocatus est Cicero quasi sic dictus esset, quod omnia verreret, hoc est, nihil reliqui faceret homo furax. Et pro Roscio Amer. num. 124. *Venio nunc*, inquit, *ad illud nomen aureum Chrysogoni*, hunc ex nomine insimulans avaritiæ.

Quid sunt Conjugata? ℞. Sunt ea, quæ orta ab uno variè commutantur, seu terminantur: ut pius, piè, pietas. *Si pietati summa tribuenda laus est, debetis moveri, cùm Q. Metellum tam piè lugere videatis.* Terent. *Homo sum, humani à me nihil alienum puto.*

Quid est Enumeratio partium? ℞. Est oratio, qua totum distribuitur in suas partes, vel subjectivas, et essentiales, ut genus v. g. virtus in prudentiam, justitiam, fortitudinem, temperantiam, vel integrantes, ut totum integrum v. g. domus in tectum, parietes, pavimentum. Corpus in caput, pedes, manus. Populus in senes, viros, fœminas, pueros. Hoc totum non nisi dicitur de partibus simul sumptis: ut, tectum, parietes, pavimentum sunt domus. Alterum de singulis, ut, prudentia est virtus.

Quotupliciter fit argumentum ab Enumeratione partium. ℞. Dupliciter.

I. Si affirmatis omnibus, aut primariis partibus, affirmatur totum: ut, *In Cn. Pompeio fuit scientia rei militaris, virtus, auctoritas, felicitas, celeritas, innocentia, temperantia, fides, facilitas, ingenium, humanitas: Igitur omnis virtus imperatoria.*

II. Si negatis, præcipuis partibus, aut una primaria,

negatur totum: ut, *Non est corpus: Igitur non homo. Non est tectum: Igitur non domus. Roma cùm pulsus est Tullius, non erat in Repub. Consul, non Senatus, non consensus populi liberi, non mos patrius, non juris et æquitatis ratio: Igitur non erat tum illa civitas.*

Quid est genus? ℞. Genus est, quod sub se duas aut plures partes, seu formas et species complectitur, ut, *virtus prudentiam, justitiam, fortitudinem, temperantiam.* Cic. de Orat.

Fac argumentum à genere. ℞. *Virtutis laus omnis in actione consistit: prudentiæ igitur laus omnis in actione consistit. Omnibus artibus instructus est: Igitur et Rhetoricâ arte.*

Quis est frequens hujus loci apud Rhetores usus? ℞. Quando hypothesis, hoc est, species seu forma, ad thesim seu ad genus transfertur. Nam orator excellens à propriis personis, locis, temporibus, et circumstantiis semper, si potest, avocat controversiam, et ad universi generis vim explicandam traducit. Ita Cicero pro Marcello, *multa in genere de clementiæ virtute prædicat, ut laudet Cæsarem ob restitutum Marcellum, simulque Senatum.*

Quid est forma? ℞. Est pars generi subjecta, ut patet ex dictis.

Fac argumentum à forma. ℞. *Est pietas in illo adolescente: Ergo et virtus.*

Quid est similitudo? ℞. Est oratio similem inter res distinctas affectionem declarans. Sic ægrotus, et avarus, licet distincti, in hac ratione seu affectione dicuntur convenire, quod gustum non habeant, hic laudis, ille cibi. *Quintil. lib.* 10. *cap.* 5.

Quomodo sumitur argumentum ab hoc loco? ℞. *In corpore si ejusmodi est, quod reliquo corpori noceat, uri ac secari patimur membrorum aliquod potius, quam totum corpus intereat: sic in Reipub. corpore, ut totum salvum sit, quidquid est pestiferum, amputatur.*

Quamquam non tam probat similitudo, quam ornat, eâque, quod rem oculis subjiciat, mirificè capitur imperita multitudo.

Præclarè Agricola *lib.* 1. *cap.* 25. omnium locorum, è quibus ducuntur argumenta, nulli ferè minus est virium contra renitentem auditorem quam similitudini: ad eum verò, qui sponte sequitur, docendumque se præbet, accommodatior nullus est. ˜Aperit enim rem (si rectè adhibeatur) et quandam ejus imaginem subjicit animo: ut cùm assentiendi necessitatem non afferat, afferat tacitum dissentiendi pudorem. Quapropter ad probandum non ita crebro, ad exponendum illustrandumque sæpè ab Oratoribus, à Poëtis sæpiùs adhibetur.

Quid est Dissimilitudo? ℞. Est oratio explicans affectionem dissimilem rerum diversarum: ut, *Si barbarorum est in diem vivere, nostra consilia sempiternum tempus spectare debent.*

Quid est Comparatio? ℞. Cum Agricola *lib.* 1. *cap.* 4. Est oratio, quâ duo vel plura in tertio aliquo conferuntur, quod commune sit eis: ut, *Catoni licuit sequi bellum civile: Ergo et Ciceroni licebit sequi?* commune est ambobus sequi bellum civile.

Differt Comparatio à similitudine, quod similitudo versetur in qualitate, Comparatio in quantitate: dum enim comparamus, aut plus, aut minus, aut par inesse alicui dicimus. Exemplum est species quædam comparationis.

Quotupliciter tractatur hic locus? ℞. Tripliciter? à Comparatione Majorum, vel Minorum, vel Parium.

Quomodo ducitur argumentum à Comparatione majorum ad minora? ℞. Cùm contendimus, ut id, quod in re majori valet, valeat etiam in minori: seu quando minus probabile concluditur ex magis probabili. (Nam Rhetores per majus intelligunt, quod est magis probabile, per minus, quod est minus probabile; per par, quod est pariter probabile.) v. g. *Quinque legiones hostilem exercitum vincere non potuerunt: igitur duæ non poterunt.*

Quomodo ducitur argumentum à Comparatione minorum ad majora? ℞. Cùm contendimus, ut id, quod in re minori valet, valeat etiam in majori: seu quando magis probabile concluditur ex minus probabili; ut Cicero, pro lege Manilia: *Majores nostri sæpè mercatoribus ac naviculatoribus injuriosiùs tractatis bella gesserunt: vos tot civium Rom. millibus, uno nuncio atque uno tempore necatis, quo tandem animo esse debetis?*

Quomodo ducitur argumentum à Comparatione parium? ℞. Cùm contendimus parium par esse judicium, et quod in uno valet, admitti in alio: ut, *Quæ pœna adversus interfectorem patris justa est, eadem adversus matris.*

In his animadverte,

I. Comparationem debere fieri inter res ordinis ejusdem; quare fallere hanc comparationem: *Potest Joannes condere amplam domum: ergo et poëma exiguum.*

Secundò, animadverte minori affirmato, rectè majus affirmari, seu concludi: ut, *discipulus id percipit: ergo et professor*, minori autem negato, non rectè majus negari, ut, *Duæ legiones hostem vincere non possunt: ergo neque quatuor non possunt:* item majori affirmato non affirmari minus: ut, *potest vir ferre pondus centum librarum: Ergo et puer*, et majori negato, minus negari: ut, *gigas non est altus decem pedes, ergo nec pigmeus.*

Quid sunt Repugnantia? ℟. Sunt quæ de eodem simul verè affirmari non possunt. *Aristoteles, Cicero in Topic.*

Quotuplicia sunt Repugnantia? ℟. Duplicia: alia disparata, quæ non præcisè repugnant: id est, quæ non sic inter se repugnant, quin alteri magis aut æquè repugnent, ut amare, et lædere: nam amare et odisse magis, amare autem et conviciari æquè repugnant inter se, quàm amare et lædere. Argum. *Amat illum: igitur non conviciis insectatus est. Marcus Cœlius fuit deditus studiis: Ergo non voluptatibus.* Repugnantia sunt, esse adversarios, et se invicem juvare, communicare, etc. Alia sunt opposita, quæ præcisè repugnant: ut, *Virtus et vitium, frigus et calor, amare et odisse.*

Quotuplicia sunt opposita? ℟. Quadruplicia: adversa seu contraria, privantia, relata, negantia. *Agricola lib.* 1. *cap.* 26.

Quid sunt adversa seu contraria? ℟. Sunt quæ sub eodem genere posita plurimum differunt, ut, *virtus et vitium: bellum, pax: sapientia, stultitia.*

Quid sunt privantia? ℟. Sunt habitus, seu forma,

et ejus privatio, ut, *vita et mors, lux et tenebræ, scientia et inscitia.*

Quid sunt relata ? ℟. Sunt quorum natura in hoc posita est, ut ad aliud referantur, neque unum sine altero possit intelligi : ut, *pater et filius, dux et miles, docere et discere,* neque enim potest intelligi pater, ut pater sine filio, nec filius sine patre, nec amicus sine amico.

Quid sunt negantia, seu contradicentia ? ℟. Sunt quorum unum negat alterum : ut, sapere et non sapere. Probus, non probus. Joannes occidit Petrum, Joannes non occidit Petrum. Est enim contradictio non tantùm in terminis simplicibus, sed et maximè in propositionibus.

Quomodo argumentamur ab adversis ? ℟. *Bellum est nobis perniciosum, pax igitur utilis.* *Amplectenda frugalitas, fugienda igitur luxuria* (contraria enim contrariorum sunt consequentia : addo etiam exornativa ; ita vitii turpitudo ex oppositæ virtutis descriptione, et dignitate elucescit.) Cicero in Topicis : *Si stultitiam fugimus, sapientiam sequamur ; et bonitatem, si malitiam.* Quintilianus lib. 5, cap. 10. *Si malorum causa bellum est, erit emendatio pax.*

Quomodo argumentamur à privantibus ? ℟. *Ultus est mortem patris : reddidisset igitur vitam, si potuisset.*

Quomodo argumentamur à relatis ? ℟. *Dux adit pericula, cur miles non adiret ? Honestum est litteras docere : ergo et discere. Si imperatoris est præcipere, militis est obtemperare.*

Quomodo argumentamur à negantibus? ℞. *Quem græcè et latinè doctum vides, istum esse indoctum dicis?*

Quid sunt adjuncta personarum, et rerum? ℞. Sunt ea quæ rem circumstant, probabiliter tantùm; non necessariò, uti antecedentia, et consequentia. *Cicero in Topic.*

A Quintiliano enumerantur hæc: genus, natio, patria, sexus, ætas, educatio, habitus corporis, fortuna, conditio, natura animi, victus, studia, affectus, locus, tempus, occasio, casus, facultas, instrumentum, modus, signum. Igitur amplissimè patent adjuncta, et quòd Orator persæpè in iis versatur, necessaria est omninò ac utilis hujus loci cognitio: quare hic nobis licet paulò esse prolixioribus. *Quintil. ibid.*

Quomodo sumi potest argumentum á genere? ℞. Similes parentibus ac majoribus suis filii plerumque creduntur: hinc nonnunquam ad laudandum, vel vituperandum oratori causæ fluunt. *Quintil. ibid.* Cicero pro Sextio: *Parente Publ. Sextius est natus, judices, homine, (ut plerique meministis) et sapiente, et sancto, et severo.*

Quomodo sumi potest argumentum à natione, et patria? ℞. Singulis gentibus proprii mores sunt: nec idem in Barbaro, Romano, Græco, probabile est. *Quintil. ibid.* Similiter etiam civitatum leges, instituta, opiniones habent differentiam. Quare sic argumentum variè sumi potest à natione, et patria. *Romanus est? Igitur bellicosus. Græcus? levis. Barbarus? immanis. Atheniensis? fidus. Pœnus? perfidia nobilis. Creta? mendax. Lacedæmonius? fur.*

Quomodo sumi potest argumentum à sexu ? ℞. Non idem in viro æquè ac muliere, aut probabile, aut laudabile est ; et contra latrocinium faciliùs in viro: veneficium in fœmina reperies, et alia, unde argumenteris. *Quintil. ibid. Virorum hoc animos vulnerare posset, quid muliercularum censetis, quas etiam parva movent?*

Quomodo sumi potest argumentum ab ætate? ℞. Aliud aliis annis convenit, ut Horatius ostendit in Arte: Puer an adolescens, natu grandior an senex, quæritur. *Quintil. ibid.* Cicero pro leg. Manilia num. 61. *Quid tam novum, quàm adolescentulum, privatum, exercitum difficili Reip. tempore conficere? confecit Pompeius. Huic præesse: præfuit. Rem optimè ductu suo gerere: gessit. Quid tam præter consuetudinem, quam homini peradolescenti, cujus à senatorio gradu ætas longe abesset, imperium, atque exercitum dari? Siciliam permitti, atque Africam, bellumque in ea administrandum? fuit in his provinciis singulari innocentia, gravitate, virtute: bellum in Africa maximum confecit, victorem exercitum deportavit.*

Quomodo sumi potest argumentum ab educatione et disciplina? ℞ Quoniam multùm refert à quibus, et quo quisque modo sit institutus, ex educatione disciplinaque, ex sodalitio, multæ trahuntur suspiciones et argumenta. *Quintil. ibid.* Sic apud Ciceronem. *Mœvius facetus scurra, et quæstui addictus; et Panurgus in re comica benè instructus à Magistro Roscio.* Contra. *Verres corrupit filium, et à parente redarguitur.* Verr. 7. Num. 135.

Quomodo sumi potest argumentum ex Habitu corporis? ℟. Habitus corporis, qui sermo quidam totius mentis est, frequenter in argumentum probitatis, aut improbitatis adducitur. Cicero pro Sex. Roscio. *Nonne ipsum caput et supercilia illa penitùs abrasa olere malitiam et clamitare calliditatem videntur; qui idcircò est capite et superciliis semper rasis, ne ullum pilum boni viri habere dicatur.*

Quomodo sumi potest argumentum à Fortuna, et Conditione? Respondeo cum Quintiliano non idem credibile est in divite, ac paupere; claro, ac obscuro; rustico, ac urbano; propinquis, amicis, clientibus, abundante, et his omnibus destituto. *Quintilianus ibid.*

Præterea est laus tulisse casus sapienter adversos: non extulisse se in potestate, non fuisse insolentem in pecunia, genus suum nobilitasse, etc. Sic Cicero pro Quinctio statim in Exordio, et postea in Peroratione, *conqueritur de gratia Nævii apud Principes civitatis qua ille abutitur contra solitudinem atque inopiam P. Quinctii.*

Quomodo sumi potest argumentum ab animi natura. ℟. Avaritia, iracundia, misericordia, crudelitas, severitas, aliaque his similia afferunt fidem frequenter, aut detrahunt. *Quintilianus ibid.* Huc refer acutus ne sit quis, an hebetior; memor an obliviosus; comis, facetus, pudens, officiosus, patiens, prudens, an contra.

In Pisonem: *Ille gurges atque helluo natus abdomini suo, non laudi atque gloriæ.* Pro Dejotaro: *Dii te perdant, fugitive, ita non modo nequam et improbus, sed et fatuus, et amens es.*

Quomodi sumi potest argumentum à Victu et Studiis ? ℞. Sicuti de victu luxurioso an frugi, an sordido quæritur, sic de studiis. Nam rusticus, forensis, negotiator, miles, navigator, medicus, aliud atque aliud efficiunt. Cicero pro Roscio. *Qua in re prætereo illud, quod mihi maximo argumento ad hujus innocentiam esse poterat, in victu arido, in hac horrida incultaque vita maleficia gigni non solere.*

Quomodo sumi potest argumentum ab affectibus ? ℞. Affectus sunt amor, ira, gaudium, tristitia, etc. *Quint. ibid.*, quæ suo loco explicabimus. *Virgilius Eclog.*

Credimus, an qui amant ipsi sibi somnia fingunt?

Cicero pro Muræna : *Videsne tu illum tristem, demissum jacet : diffidit, abjecit hastam.*

Quomodo sumi potest argumentum à loco ? ℞. Spectandæ sunt omnes loci differentiæ, publici, sacri, profani, opportuni, remoti, etc. *Quint. ibid.* ut, *furtum factum si sit in templo, si in foro interemptus quispiam, si in sua domo.* Verres ab æde Castoris latrocinia incipit. III. Verr. num. 125.

Quomodo sumi potest argumentum à tempore ? ℞. Valet hora, dies, hebdomada, mensis, annus. An hyeme, die festo, olim, nuper, diu, aliquid gestum sit. *Quintil. Ibid.* Cic. pro Quinct. *Septingenta millia passuum vis esse decursa Biduo : dic, negas ? ante igitur misisti ? malo, si enim illud diceres, improbè mentiri viderere.*

Quomodo sumi potest argumentum ab occasione ? ℞.

Occasio est pars temporis habens in se alicujus rei idoneam faciendi, aut non faciendi opportunitatem. *Quintil. ibid.* Cic. pro lege Manilia. *Quod si Roma, Cn. Pompeius privatus esset hoc tempore, tamen ad tantum bellum is erat deligendus, atque mittendus: nunc cùm ad cæteras summas utilitates hæc quoque opportunitas adjungatur, ut in his ipsis locis habeat exercitum, quid expectamus, aut cur non ducibus diis immortalibus eidem, cui cætera summa cum salute Reip. commissa sunt, hoc quoque bellum regium committimus?*

Quomodo sumi potest argumentum à casu? ℞. Casus etiam præstat argumentis locum, ut si dicam, *Melior dux Scipio, quàm Annibal; vicit enim Annibalem. Bonus gubernator nunquam fecit naufragium. Bonus agricola magnos sustulit fructus.* Quintil. ibid.

Quomodo sumi potest argumentum à facultate? ℞. Facultates sunt aut quibus faciliùs fit, aut sine quibus aliquid confici non potest: *Quint. ibid.* Ut credibilius est occisos, à pluribus pauciores, à firmioribus imbecilliores, à vigilantibus dormientes, à præparatis inopinantes, quorum contraria in diversum valent. Hinc illa apud Ciceronem conjectura: *Insidiatus est Clodius Miloni, non Milo Clodio: ille cum servis robustis, hic cum mulierum comitatu; ille in equo, hic in rheda, etc.*

Quomodo sumi potest argumentum ab instrumento? ℞. Facultati licet instrumentum conjungere: et ex instrumento aliquando etiam signa nascuntur: ut, spiculum in corpore inventum. *Quintil. ibid.* Cicero pro Milone: *Quamobrem si cruentum gladium tenens clamaret Titius Annius: adeste, quæso, atque audite, cives,*

P. Clodium interfeci: ejus furores, quos nullis jam legibus, nullis judiciis frænare poteramus, hoc ferro, et hac dextra à cervicibus repuli, etc.

Quomodo sumi potest argumentum à modo? ℞. Modus est in quo quemadmodum, et quo animo factum sit, quæritur, si graviter, si contumeliosè, clàm, palàm, vi, persuasione, inscitia, casu, necessitate. *Quintil. ibid.* Cic. pro Milone. *Tu Clodii cruentum cadaver ejecisti domo? tu in publicum ejecisti? tu spoliatum imaginibus, exequiis, pompâ, laudatione, infelicissimis lignis semiustulatum, nocturnis canibus dilaniandum reliquisti?* Et Virg. Æneid. 8.

Quomodo sumi potest argumentum à signo? ℞. In partitionibus Cicero vocat consequentia quædam signa præteriti, et quasi impressa facti vestigia, quæ quidem vel maximè suspicionem movent, et sunt quasi tacita criminum testimonia: ut telum, ut vestigium, ut cruor, ut deprehensum aliquid, quod ablatum ereptumve videatur, ut responsum inconstanter, ut hæsitatum, ut titubatum; ut cum aliquo, et eo ipso in loco visus, in quo facinus peractum sit, ut pallor, ut tremor, ut scriptum, aut obsignatum, aut depositum quidpiam. *Quintil. ibid.* Pro Milone: *Comprehensus est in templo Castoris servus P. Clodii, quem ille ad Cn. Pompeium interficiendum collocârat, extorta est confitenti sica de manibus.*

Quid sunt Antecedentia, et Consequentia? ℞. Dicuntur à Cicerone, *Topic. cap. 2. et Aristot. de Rhet. 5.* quæ cum re necessariò sunt conjuncta, ut illa antecedant, hæc consequantur. *Sic vulnus cordis mortem antecedit, arma bellum, culpa pœnam: pœna verò culpam sequitur, bellum arma, mors vulnus cordis.*

Quanquam adverte quædam dici etiam antecedentia, quæ probabiliter tantùm, et non necessariò cum re conjunguntur, tumque pariter consecutio est tantùm probabilis; v. g. *Flores edidit hæc arbor: igitur probabile est fructus habituram.*

Fac argumentum ab antecedentibus. ℞. *Tu natus es homo: igitur morière. Ille magni sceleris est reus: graviter igitur à justo judice plectetur.*

Fac argumentum à consequentibus? ℞. *Dies est, ergo ortus est sol. Est fructuum copia: igitur et florum fuit.* Pulchrè Cicero proponit Cæcilio difficultatem accusandi Verrem à consequentibus, præsertim à persona Hortensii. *Divinat. num.* 27. *et seq.*

Quid est causa? ℞. Causa est, unde effectus aliquis existit.

Quot sunt causæ? ℞. Aristoteles, quique secuti sunt eum, quatuor fecerunt: materiam, ex qua res est; formam, per quam est; efficientem, à qua fit: finem, propter quem fit. *lib.* 2. *Physicæ cap.* 3.

Quid est materia? ℞. Est id, ex quo aliquid fit, aut componitur. *Ut marmor est materia statuæ, argentum pateræ, corpus hominis.*

Quomodo argumentamur à materia? ℞. *Corpus mortale est; igitur mens immortalis ipsi dominetur. Multa signa gemmis et auro cœlata sustulit Verres: Ergo gravia furta commisit.*

Quid est forma? ℞. Est causa per quam res est id, quod est, et à cæteris rebus distinguitur. *Ut animus est forma hominis:* est enim causa cur homo sit homo, et à cæteris rebus differat. Sic domus, sic navis, sic terræ, sic ignis, cæterarumque rerum sua forma est, vel naturalis, quæ à natura; vel artificialis, quæ ab arte proficiscitur: hæcque posita est in certa quadam figura externa.

Quomodo argumentamur à forma? ℟. *Homini animus immortalis est: igitur æternitatem quærat.*

Quid est efficiens? ℟. Quæ sua vi efficit id, cujus est causa. Est multiplex: alia procreans, *ut Deus, parentes;* alia conservans, *ut lex, civitatem;* alia interimens, *ut morbus, intemperantia, propinatio veneni:* alia vel sola, vel cum aliis efficiens, et suo motu, vel impulsu alterius: vel ex necessitate, vel ex casu fortuito, etc., quarum omnium exempla subjecimus prima editione, nunc aliquot tantùm.

Quomodo argumentamur ab efficiente? ℟. *Deus mundum condidit: ergo perfectum est opus. In repub. vigent leges: ergo ipsa durabit.*

Quis est finis? ℟. Finis est cujus gratiâ aliquid fit, ut domûs finis est usus, belli pax, hominis beata vita.

Quomodo argumentamur à fine? ℟. *Homo est factus ad beatam vitam; non ergo ut gulam satiet, aut sese ad res humiles abjiciat.*

Quid sunt Effecta? ℟. Sunt ea, quæ sunt orta de causis.

Quot sunt Effectorum genera? ℟. Totidem ut causarum, quatuor: est enim suus effectus finis, et efficientis, et formæ, et materiæ.

Quomodo fit argumentum ab Effectis causæ efficientis? ℟. *In bello Asiatico agitur gloria populi Rom., agitur salus sociorum, aguntur vectigalia maxima, aguntur fortunæ multorum civium; ergo bellum Asiaticum est genere suo grave et necessarium.* Pro lege Manil. num. 6.

Quomodo fit argumentum ab Effectis causæ finalis? ℟. *Mavult Cicero in exilium ire, quàm se vi defendere: ergo conservare amat Rempublicam,* Post reditum in senat. num. 31.

Quomodo fit argumentum ab Effectis causæ materialis. ℟. *Corruptioni sumus obnoxii: ergo componimur ex corpore.*

Quomodo fit argumentum ab Effectis causæ formalis. ℟. *Homo ex memoria rerum, et inventione, et celeritate motûs, omnique pulchritudine virtutum, Deum agnoscit, laudat, etc. Igitur in hominis animo vim divinæ mentis cognoscito.* lib. 1. Tusc.

Ex his animadverte tum maximè fieri argumentum ab effectis causarum, cùm colligimus ex effectis causas, earumque vim et præstantiam. Nam Effecta ipsis causis sunt notiora, ac propterea hic locus effectorum sæpiùs usurpatur ab Oratoribus, quàm locus à causis.

Loci extrinseci variè à variis appellantur. Cicero *in Topic. et partit.* testimonia vocavit: Aristoteles, et itidem quandoque Cicero, et Quintilianus probationes inartificiales dixerunt. Agricola. *lib.* 1. *cap.* 2. mavult esse pronuntiata: quia scilicet hî loci ratione inventionis sunt extra Oratoris artem; et probationes ab illis desumptæ non ex visceribus causæ seu ex rebus ipsis, sed remotè et foris eruuntur: quare authoritate niti debent.

Quid sunt præjudicia? ℟. Sunt, cùm in simili vel eadem causa aliquid aliquando judicatum est. *Quintil. lib. 5. cap. 2.* ut pro Milone: *Negant intueri lucem fas esse ei, qui à se hominem occisum fateatur: in qua tandem urbe hoc homines stultissimi disputant? Nempe in ea, quæ primum judicium de capite vidit M. Horatii fortissimi viri.*

Intellige ex Quintiliano Præjudicia duobus confirmari: similitudine rerum de quibus quæritur, et judicum auctoritate. Refelli verò dissimilitudine, aut actorum incusando negligentiam; aut de infirmitate personarum querendo, contra quas fuerit judicatum, aut de gratia quæ testes judicesve corruperit, aut de invidia, aut de ignorantia; aut inveniendo quod causæ postea accesserit.

Quid est Fama seu Rumores? ℟. Est testimonium multitudinis, quæ habet auctoritatem, nisi malitia irrepserit, vel nimia credulitas: alioquin his duobus capitibus infirmatur. Est enim, *inquit Quintilianus ibid.* sæpè sermo sine ullo certo authore dispersus, cui malignitas initium dederit, incrementum credulitas: quod nulli non etiam innocentissimo possit accidere, fraude inimicorum falsa vulgantium. Cicero pro Cœlio: *At fuit fama. Quotusquisque istam effugere potest in tam maledica civitate? Vicinum ejus mulieris miraris malè audisse, cujus frater germanus sermones iniquorum effugere non potuit?*

Quid sunt Tabulæ? ℟. Sunt scripturæ, vel publicæ, ut leges; vel privatæ ut testamenta, chyrographa. *Quintil. ibid.* Argum. *Testamento legitimo institutus est hæres; hæreditatem igitur adire potest.*

Quid sunt Tormenta? ℟. Sunt quæstiones, quibus veritas extorquetur. *Aristot. Rhet. lib.* 1. *cap.* 15. *Quintil. lib.* 5. *cap.* 4. Cicero pro Milone *num.* 60. quæstiones servorum refellit à persona Appii, qui deridetur, et à modo quærendi non legitimo; *Age verò, quæ erat, aut qualis quæstio? heus ubi Roscio, ubi Casca? Clodius insidias fecit Miloni? fecit: certa crux. Nullas fecit, sperata libertas.* Cæterùm periculosa est, et sæpè fallax, quæ tormentis exprimitur confessio: vi enim doloris aut cruciatuum metu quis adactus, falsa dicet. Idcirco hoc genus argumenti non est satis firmum, nisi post quæstionem rursus interrogatus reus sibi constet in rebus dictis.

Quid est Jusjurandum? ℟. Est affirmatio religiosa, qua aliquid, quasi Deo teste, asseritur. *Aristot. Rhet. lib.* 1. *Quintil. lib.* 5. *cap.* 6.

In argumentis ab hoc loco maximè spectanda est personæ jurantis vel probitas, vel impietas; verisimile namque est eum, qui in aliqua re semel sit improbus et mendax, etiam in aliis sceleratum et perjurum sæpiùs futurum.

Deinde hunc pertinent promissa, et pacta, quæ inter aliquos conveniunt. Cicero 5. Philip. *Audebo etiam obligare fidem meam, P. C. vobis populoque Rom. quod profectò, cùm me nulla vis cogeret, facere non auderem, pertimesceremque in re maximè periculosa opinionem temeritatis: promitto, recipio, spondeo Cæsarem talem semper fore civem, qualis hodie sit, qualemque eum maximè velle, et optare debemus.*

Quid sunt Testes? ℟. Sunt qui de re, quæ in controversiam vocatur, voce vel scripto testimonium ferunt. *Arist. lib.* 1. *cap.* 15. *Quintil. lib.* 5. *cap.* 7. Porrò iis testibus fidem negamus, in quos cadit perturbatio, ira, odium, vindicta, pecuniæ spes, audacia, vita, et mores impii. Præterea non auditur testis in sua causa, nec absens in aliena, nec in domini causa servus, nec in amici amicus. Fidem verò adhibemus iis, qui sunt probæ vitæ, vel testes oculati, vel auriti, vel jurati. Pro Rosc. Comœdo num. 42. *Quo teste igitur hoc planum faciam? venerat, ut opinor, hæc res in judicium, certè; Quis erat petitor? Fannius. Quis reus? Flavius. Quis judex? Cluvius. Ex his unus est mihi testis producendus, qui pecuniam datum dicat: quis ex his gravissimus? sine controversia, qui omnium judicio comprobatus est judex, etc.* Quem tu si ex censu spectas, eques Romanus est; si ex vita, homo clarissimus; si ex re, judicem sumpsisti; si ex veritate, id quod scire potuit, et debuit, dixit.

Denique est et aliud testimonium (præter divinum, ut oracula, auspicia, vaticinationes, responsa Sacerdotum, Aruspicum, conjectorum) à quo trahitur fides et argumentum sanè firmissimum, nimirum ab Oratione, seu à verbis cujusque. Siç Cicero pro Milone adversus Clodium. *Res erat minimè obscura: etenim palam dictitabat consulatum Miloni eripi non posse, vitam posse. Significavit hoc sæpè in Senatu, dixit in concione: qui etiam Fannio, fortissimo viro, quærenti ex eo, qua spe fureret, Milone vivo respondit triduo illum ad summum quatriduo periturum.*

Quis est Usus Locorum? ℞. Definitionis usus est

non tantùm ut obscuræ rei adferatur notitia, aut involuta aliqua quæstio explicetur, sed etiam amplificationes, et descriptiones: præsertim illius definitionis, quæ datur per causas et effecta, per negationem et affirmationem. *Agricola lib.* 2. *cap.* 28.

Notatio ad vim et originem verborum, aut ad allusiones et jocos adhibetur.

Enumeratio partium ad totum, explicatis partibus, clarè oculis subjiciendum, et distribuendum, et amplificandum servit.

Genus valet ad fusè dicendum, avocando orationem ab hypothesi ad thesim: item ad docendum, laudandum et suadendum. Nam magna est vis in natura generis bene exposita.

Similitudo, et dissimilitudo lucem adfert rebus, ornatum argumentis, animis voluptatem.

Usus comparationis assurgit per exempla ad magnos motus.

Repugnantium verò ac oppositorum usus est in amplificationibus ad refellendum ac probandum: item per antitheta ad ornatum orationis, et gratiam, et varietatem; tum ut res una per contrarium meliùs elucescat.

Latè ac eleganter patent Adjuncta, nam illa animi, et corporis, et fortunæ, ad laudandum vel vituperandum; illa temporis, et loci, et facultatis, et signorum, vel ad narrandum, vel probandum, vel confutandum, vel amplificandum, vel describendum, vim habent ac splendorem.

Idem est ferè usus de Antecedentibus et Consequentibus; præsertim ad suadendum, aut dissuadendum.

Per causas et effecta amplificamus: Ac genus quidem demonstrativum ex rerum benè vel malè gestarum causis constat: in deliberativo et judiciali per effecta et causas copiosè probamus, confutamus, describimus.

Locis extrinsecis, ut præjudiciis, utimur ad confirmandum et refellendum, si accedit auctoritas: in aliis verò, ut fama, ut tormentis, ut tabulis, ut jurejurando, ut testibus, personarum probitas, et improbitas spectari debet, et rerum circumstantiæ expendi.

Quotuplex est modus variandæ Orationis? R. Quintuplex: *Primò*, per locos. *Secundò*, per figuras. *Tertiò*, per argumentationes. *Quarto*, per amplificationes. *Quintò*, per affectus.

Varia idem Argumentum per locos et figuras. Responsio sit hujus propositionis, v. g. *Rhetorica est adolescenti expetenda*, simplex argumentum à definitione, *quia est ars benè dicendi*.

Sic variabis ab enumeratione partium per apostrophem, interrogationem, subjectionem: *Ecquid tandem cogitas, adolescens, aut quænam tuo animo insidet de Rhetorica opinio? num invenire, quæ quæstionem probabilem reddant, expetendum putas? est hæc prima laus Rhetoricæ. Quid? res inventas in òrdinem distribuere? Quid ornatè eloqui? id non summo studio quærendum videatur? hæc quoque docet Rhetorica. Nisi fortè memoriam non laudas, quæ inventis cogitatisque rebus et verbis adhibetur; aut actionem non æstimas, quæ summis Oratoribus et infimis magnam affert dignitatem ? at eadem ipsa Rhetorica memoriæ et pronuntiationis præceptrix est, et quædam magistra. Quis igitur illam non expetat ? quis, etc.*

Sic variabis à genere per hypotiposim seu etopæiam. *Hæc, quæ sæpè audistis, ponite vobis ante oculos, quanto studio artes expetit optimus quisque adolescens ; ut hic ne verberibus quidem à contemplandis rebus perquirendisque deterreatur, ut pulsus requirat, ut aliquid se scire gaudeat, ut aliis narrare gestiat : cernite ut nec valetudinis, nec rei familiaris habeat rationem, omniaque perpeti ardeat ipsa artis cognitione captus, et cum maximis curis, et cum laboribus compensare eam, quam ex dicendo capit voluptatem. Quod si tanta est innata adolescenti omnium artium cupiditas, quanto ille desiderio tenebitur Rhetoricæ? etc.*

Sic variabis à comparatione et exemplo per sustentationem, et prosopopæiam. *Rhetoricæ scientia nulla res est præstantior : nam quid Antiqui maximè appetierunt? an divitiarum amplitudinem? an illecebras voluptatum ? an honoris fastigium ? quid Demosthenes, quid Cicero, quid Hortensius, quid innumerabiles alii sibi proposuerunt ? otium fortasse et quietem ? nolite sic censere. Quid igitur ? loquantur ipsi et reviviscant. Audi, adolescens, horum orationem, tametsi scripta legeris : Opes, voluptas, honor caduca sunt et fluxa: Rhetorica scientia sempiterna : hanc tu sectare, in hac una excellere pulchrum puta, nescire autem turpe ducito : nullus nos labor ab illa deterruit, nullus somnus, etc.*

Sic variabis ab Effectis per exclamationem et repetitionem. *O magna vis et dignitas Rhetoricæ ! ò præ-*

stantissima omnium scientia! quid est aut tam admirabile, quàm ex infinita multitudine existere unum, qui id quod omnibus natura sit datum, vel solus, vel cum paucis possit facere? aut tam jucundum cognitu, atque auditu, quàm sapientibus sententiis gravibusque verbis ornata oratio, et perpolita? aut tam potens, tamque magnificum, quàm populi motus, Judicum religiones, Senatûs gravitatem, unius oratione converti? Iterùm, O suavis vitæ dux et comes Rhetorica? tu adolescentiam alis, tu senectutem oblectas, tu secundas res ornas, tu adversis perfugium ac solatium præbes, tu delectas domi, non impedis foris, pernoctas nobiscum, etc.

Sic variabis ab Adjunctis et Consequentibus per prolepsim, licentiam, concessionem. *Dicet fortasse quispiam: Quid hoc? omnis adolescens trahitur et ducitur ingenuis studiis atque artibus Rhetoricæ? difficile sit hoc affirmare: dicam tamen liberè quod sentio, et magna vocis contentione dicam, ut plures audiant, non ex optimis adolescentem esse illum, qui Rhetoricam non attigit è limine: præsertim si neque ætas ipsi, neque ingenium, neque valetudo, locus, tempus, parens, occasio, modus, facultas studendi desit. I tu, quando ita sentis, istam artem respue, et ejus cognitionem aspernare: verùm quæ tibi laus erit viro minimè perito? quæ dignitas obveniet? qui honores? quæ præclarè facta dictaque? seni autem quæ gravitas, quod consilium, etc.*

Pluribus exemplis supersedeo, ne sim longior. De varianda argumentatione, amplificatione, affectu, vide suo loco.

CAPUT SECUNDUM.

De Argumentatione.

QUANDO jam sunt eruta è locis argumenta, proximum est ea explicare, et arte quadam tractare, quò majorem vim habeant: nam ex sese jejuna sunt et imbecilla, nisi accedit argumentatio, quæ nervus est orationis.

Quid est argumentatio? ℟. Est Oratio, in qua artificiosè unum ex alio colligitur. Argumentum verò est id, ex quo aliud colligitur, v. g. *Rhetorica est honesta: igitur amplectenda;* Argumentatio est: *Rhetorica est honesta;* Argumentum est, seu ratio aut medium, quo probatur conclusio.

Quæ sunt argumentationis species? ℟. Syllogismus, Ratiocinatio, Enthymema, Collectio, Sorites, Dilemma, Epicherema, Inductio.

Quid est Syllogismus? ℟. Est argumentatio ex duabus propositionibus conclusionem necessariò inferens: ut, *Omnis ars honesta est amplectenda. Rhetorica est ars honesta: igitur amplectenda.*

Prima Syllogismi propositio dicitur major, seu simpliciter propositio, quoniam id proponit, in quo est vis ad probandum.

Secunda vocatur minor, seu assumptio, quia aliquid assumit ex prima ad probandam conclusionem. v. g. in allato exemplo: *Omnis ars honesta est amplectenda,* major est, seu propositio. *Rhetorica est ars honesta,* assumptio est; quia ex majore assumitur. *Est ars honesta;* conclusio, seu complexio, est ipsa quæstio illata ex superioribus, scilicet majore et minore, nempe *Rhetorica est amplectenda.*

Quotuplex est Ratiocinatio ? ℞. Triplex: tripartita, quadripartita, quinquepartita.

Tripartita (quæ simpliciter Syllogismus appellatur) est argumentatio, ut dixi, ex duabus propositionibus conclusionem necessariò inferens: ut, *Cuicumque quæsito opus est, is verè dici dives non potest. M. Crasso quæsito opus est: ergo M. Crassus verè dici dives non potest.*

Quadripartita, est syllogismus, in quo vel major, vel minor probatur: ut, *Qui sæpènumero nos per fidem fefellerunt, eorum orationi fidem habere non debemus; si quid enim perfidiâ illorum detrimenti acceperimus, nemo erit præter nosmetipsos, quem jure accusare possimus, ac primò quidem decipi incommodum est, iterùm stultum, tertiò turpe. Carthaginenses autem persæpe jam nos fefellerunt. Summa igitur amentia est, in eorum fide spem habere, quorum perfidiâ toties deceptus sis.* Ubi vides assumptionis probationem et expolitionem deesse.

Quinquepartita (quæ simpliciter Ratiocinatio à multis dicitur) est syllogismus, cujus major et minor probatur: ut, *Cuicumque quæsito opus est, is verè dici dives non potest, est enim divitiarum fructus in copia, copiam autem declarat satietas rerum atque abundantia, hoc est, si nihil tibi deesse putes, nihil appetas, nihil optes ampliùs. M. Crasso autem quæsito opus est; quia propter aviditatem pecuniæ nullum quæstum turpem putat.*

Quotidie fraudat, decipit, paciscitur, aufert, eripit, spoliat socios, ærarium compilat, et testamenta supponit; quæ cuncta non abundantis, sed egentis, signa sunt: ergo M. Crassus verè dici dives non potest.

Quid in Ratiocinatione cavendum est ? ℞. Ut vitetur similitudo, quæ satietatis est mater, non semper à propositione ordiendum, à complexione, ab assumptione nonnunquam: omittenda sæpe probatio, quando propositio clara est. Cicero 1. *Catilinaria*, statim proponit hanc Ratiocinationem: omnis perniciosus civis occidendus est; nam exempla majorum hoc probant: Catilina est perniciosus civis; nam impudens est conjurator: igitur Catilina jure occidendus est. Sic verò ordinem invertit, et incipit à probatione minoris: *Quousque tandem abutêre, Catilina, patientia nostra, etc.*: deinde concludit; *O tempora! ô mores! vivit, et vivit, etc. ad mortem te, Catilina, jam pridem, duci oportebat, etc.* Tùm inferiùs subjungit majorem: *Fuit, fuit quondam illa virtus, ut majores nostri suppliciis acrioribus perniciosum civem quàm hostem coërcerent.*

Deinde quælibet propositio illustrari debet variis figuris, amplificationibus et locis Rhetoricæ; sine his enim languida est argumentatio: quare toties variari possunt singulæ argumentationis partes, quot sunt Figuræ sententiarum, ut interrogando, exclamando, prætereundo, communicando, etc. Horum exemplum sit, *Pro lege Manil.*, ubi Cicero Ratiocinationem habet insignem, et eleganter omnes ejus partes exornatas. Major propositio: *Cujus maxima est in administrandis bellis auctoritas, is est Asiatico bello præficiendus;* effertur comparatione et distributione, num. 43. Probatio, interrogatione. *Nam vehementer pertinere ad bella administranda, quid hostes, quid socii de Imperatoribus ipsis existiment, quis ignorat? cùm sciamus homines in tantis rebus, ut aut contemnant, aut metuant, aut oderint, aut ament, opinione non minùs famæ, quàm aliqua certa ratione commoveri.* Assumptio: *Magna est Cn. Pompeji auctoritas,* effertur majore interrogatione: *Quod igitur nomen unquam in orbe terrarum clarius fuit? cujus res gestæ pares? de quo homine vos, Quirites, quod maxime facit auctoritatem, tanta et tam præclara judicia fecistis, etc.* Assumptionis probatio, præteritione, rursùs interrogatione. *Itaque ut plura non dicam, neque aliorum exemplis confirmem, quantum hujus auctoritas valeat in bello: ab eodem Cn. Pompeio omnium rerum egregiarum exempla sumantur. Qui quo die à vobis maritimo bello est præpositus imperator, tanta repentè vilitas annonæ ex summa inopia et caritate rei frumentariæ consecuta est, unius spe ac nomine, quantum vix ex summa ubertate agrorum diuturna pax efficere potuisset. Jam verò accepta in Ponto calamitate, etc.* Conclusio, exclamatione. *Et quisquam dubitabit, quid virtute perfecturus sit, qui tantum auctoritate perfecerit?* Vel: *Quis dubitet Pompejum esse Asiatico bello præficiendum, cujus plurimùm apud reges et exteras nationes valitura est auctoritas?*

Quid est Enthymema? ℞. Est Syllogismus imperfectus, vel, ut alii definiunt, Syllogismi pars; quia altera ex duabus propositionibus quibus constat, illi

aliter aristot.

deest, sive Major, sive Minor. *Quintil. lib. 5. cap. 14.* Cicero *in Topic.* ut *Rhetorica est ars; igitur expetenda.*

Quid est Collectio? ℞. Est argumentatio, quæ quinque habet partes: 1. Propositionem; 2. Rationem propositionis; 3. Rationis confirmationem; 4. Exornationem confirmationis; 5. Denique complexionem. Exemplum est hæc propositio, *Pravorum consortia sunt adolescentibus vitanda:* Ratio: *Quia hæc ætas celeriter corrumpitur hujusmodi consortiis.* Confirmatio: *Deficit enim ratione et consilio hæc ætas; tum adolescentis voluntas quàm est cæca et proclivis in vitium.* Exornatio: *Atque ego nullum scopulum, nullam charybdim tot tantisque navigantium naufragiis infamem puto, quàm istud pravorum consortium fuit perditum ac profligatum ad casum perniciemque adolescentum.* Complexio: *Pravorum igitur consortia sunt adolescentibus vitanda.*

Vide exempla perfectæ Collectionis in secunda et tertia Catilinaria; nam harum duarum orationum analysis est aperta Collectio. Ac in postrema quidem propositio est ista: *Hic dies supplicatione Deorum est celebrandus.* Ratio, *quia Cicero hodie remp. conservavit.* Confirmatio, *nam Catilinariam conjurationem manifestè comperit.* Exornatio, *Istam autem conjurationem longè omnium periculosissimam, crudelissimamque, sine internecione civium, togatus consul, brevi tempore extinxit.* Complexio, *ergo hic dies, etc.*

Quadrimembris Collectio est apud Ciceronem pro Ligar. in qua expolitio prætermittitur. Propositio: *Ligarius post adventum Vari necessitate in Africa, non voluntate, aut propter alienum à Cæsare animum restitit.* Ratio, *nam si potuisset illinc ullo modo evadere, non Uticæ potiùs, quàm Romæ; neque cum P. Atrio, quàm cum concordissimis fratribus; neque cum alienis esse, quàm cum suis maluisset.* Confirmatio, *etenim cùm ipsa legatio plena desiderii ac solicitudinis fuisset propter incredibilem quemdam fratrum amorem, qui potuit Ligarius æquo animo esse, belli dissidio distractus à fratribus.* Conclusio, *nullum igitur habes, Cæsar, in Q. Ligario signum alienæ à te voluntatis.*

Differt à Ratiocinatione Collectio, quòd in Collectione id ipsum quod proponitur, in conclusione reperitur. In Ratiocinatione verò concluditur id, quod est è propositione et assumptione confectum.

Quid est Sorites? ℞. Est argumentatio, quæ per multas propositiones, quasi per gradus (repetendo semper aliquid ex præcedenti) ex primo concludit extremum. -Exemplum sit: *Si prætor pecuniam dedit, ut est scriptum, à quæstore numeravit, quæstor à publica mensa, publica mensa ex vectigali, aut ex tributo: ergo si prætor pecuniam dedit, ex vectigali dedit.*

Sed hoc argumentandi genus sæpè solet esse fallax et captiosum. Sic Stoici fallaciter concludebant omne, quod quavis ratione bonum esset, esse honestum: *Si bonum, igitur optabile, expetendum; si expetendum, dignitatem habet; si dignitatem habet, laudabile est; si laudabile, honestum: igitur si bonum est, honestum est.*

Hic tertia consecutio est vitiosa; multa enim sunt expetenda, quæ dignitatem non habent, ut nonnulla utilia, et alia quædam jucunda.

Quare cavendum, ne in discursu aliquid non legitimum admittatur, aut minus consequens ex alio.

Quid est Dilemma? ℞. Est argumentatio, qua utrumvis concesseris, reprehenditur. *Cicero de Invent. lib. 1. ut:* Si improbus est, cur uteris? sin probus, quid accusas? Si implacabiles sunt iracundiæ, summa est acerbitas: si autem exorabiles, summa lenitas.

Æquivalet hoc dilemma huic Ratiocinationi: *Nec debet esse acerbus homo, nec lenis. Sed si irascitur, erit alteruter: vel enim non patietur placari iracundiam suam, et acerbus erit: vel eam exorari sinet, et lenis appellabitur: Non ergo debet irasci.*

Potestne solvi Dilemma? ℞. Si verum sit, solvi non potest; si falsum, vel inversione, vel alterius aut utriusque partis infirmatione diluitur. Sic propositum Dilemma dissolvitur. *Si implacabiles sunt iracundiæ, modo justa sint de causa susceptæ diu confirmatæ, summa justitia est: Si placabiles, modo se offerat honesta parcendi occasio, summa lenitas.*

Quid est Epicherema? ℞. Est brevis ratiocinatio, in qua tamen integer syllogismus et ratiocinatio comprehenditur. *Quintil. lib. 5. c. 14. ut. Quis dubitet mundum, qui optimè regitur, consilio, et providentiá administrari; Sine causa servus dominum accuset:* Æquivalet hoc Epicherema huic ratiocinationi quinquepartitæ: *Sine causá servus dominum accusare non debet, quia contra naturam est. Hic servus est Titii, quandoquidem se illi mercede locavit: cur ergo sine causa illum accusat?*

Quid est Inductio? ℞. Est argumentatio, qua ex

multis singularibus propositio universalis infertur. *Cicero de Invent. lib.* 1. *Quintil. lib.* 5. *cap.* 11. Exemplum esto illud Ciceronis. *Domus ea, quæ consilio regitur, omnibus instructior est rebus et apparatior, quàm ea quæ temerè et nullo consilio administratur. Exercitus is, cui præpositus est sapiens et callidus imperator, omnibus partibus commodiùs regitur, quàm is, qui stultitia et temeritate alicujus administratur. Eadem est navigii ratio: nam ea navis optimè cursum conficit, quæ scientissimo gubernatore utitur: Igitur meliùs accurantur quæ consilio geruntur, quàm quæ sine consilio administrantur.*

Quotupliciter fit Inductio? ℞. Tripliciter.

I. Enumeratione partium sub uno genere: ut, *Prudentia laudanda, item Justitia, Fortitudo, Temperantia, et sic de cœteris: ergo omnis virtus laudanda est.*

II. Fit plurium similitudinum seu comparationum congestione: ut, *Sic à natura comparatum est, ut in quoque genere princeps existat: Luna inter minores stellas præstat. Rosa florum obtinet principatum. Gemmarum prima est unio. Quidni in adolescente virtutum regina sit verecundia?*

III. Fit Inductio pluribus exemplis: ut Cicero eleganter paradoxo? *Quibus gradibus Romulus ascendit in cœlum? quibus autem Numa Pompilius? num rebus gestis atque virtutibus? omitto reliquos reges, etc.*

Quis est usus argumentationum? ℞. Syllogismus, seu Ratiocinatio servit exornationi et amplificationi, ubi res amplè dicenda est, ac fusè per theses probationesque explicanda, præcipuè in genere demonstrativo et deliberativo.

Enthymemate sæpè utuntur Oratores, quia efficax est, et breve ad probandum.

Collectio clara et facilis argumentatio valet ad persuadendum; nam sensim adaugens rem stabilit, expolit, demonstrat.

Sorites est fallax et captiosus, in quo frequentes fuerunt Stoïci: sed maximè omnium illo delectatus dicitur Chrysippus, uti Socrates inductione.

Dilemma utrimque urget, capitque adversarium. Includitur Epicheremate, vibraturque vehemens argumentum.

Inductio delectat, et est vulgo apta, propter similitudines et exempla. Hanc argumentationem frequentant Rhetores et Poëtæ, præsertim Ovidius; quia venustè ac perspicuè explicat argumenta.

Quot rebus continetur et perficitur venustas argumentationum? R. Tribus:

I. Ut varietas magna quæratur in argumentationibus, ne satietatem et nauseam pariant: neque enim oportet multa simul crudè et indigestè congerere, ac eodem modo explicare, sed jucunda quadam varietate distinguere: qua in re mirabilis est Cicero, qui ita variat argumentationes, ut prius argumentum efferat syllogismo, secundum enthymemate, tertium inductione.

II. Ut singulæ argumentationis partes diversis verborum et sententiarum figuris exornentur, quod suprà de ratiocinatione diximus.

III. Ut omnia aptis transitionibus et digressionibus connectantur

Quoniam ingressionibus seu transitionibus sæpiùs laborat adolescentia, plures harum species seu formas colligemus.

Quid est transitio? ℟. Est ab una orationis parte ad aliam idonea progressio; vel, est vinculum seu nexus, quo pars Orationis posterior cum priore aptè conjungitur.

Tot sunt ferè modi et formulæ transitionum, quot sunt figuræ sententiarum. Verùm sunt et aliæ minores transitiones, quæ partes seu propositiones argumentationum connectunt, ut hæ: *quid, quid nunc, jam verò, etenim, equidem, accedit quod, et verò ignoratis, quamobrem, igitur.*

Ad extremum juvabit seligere ex Cicerone formulas, quibus ab uno vel argumento vel orationis membro transitur ad aliud. Ut pulcherrimè fit pro lege Manil. num. 6. *Primùm mihi videtur de genere belli, deinde de magnitudine, tum de imperatore deligendo esse dicendum. Genus est enim ejusmodi, quod maximè vestros animos excitare atque inflammare debet.* Sic primum membrum aggreditur Cicero. Ad secundum verò sic progreditur, num. 20. *Quoniam de genere belli dixi, nunc de magnitudine pauca dicam.* Ad tertium, num. 27. *Satis mihi multa verba fecisse videor, quare hoc bellum esset genere ipso necessarium, magnitudine periculosum; restat ut de imperatore ad id bellum deligendo, ac tantis rebus præficiendo, dicendum esse videatur, utinam, etc.*

Quid est Digressio ? ℞. (Virtus potiùs, ut transitio, quàm pars orationis.) Est alienæ rei, sed ad utilitatem causæ pertinentis, extra ordinem excurrens tractatio. *Quintil. lib. 4. cap. 3.* Est quasi levis armaturæ militum excursio, ubi occasio est : ut, *Si facinus aliquod fortitudinis eximiæ prædicas, ad laudes ipsius fortitudinis, vel eorum qui similia patrarunt, cum judicio excurris, et apta transitione ad rem tuam te recipis.* Itaque res ad quam excurritur, debet cohærere cum causa, nec debet esse per vim aut temerè inserta.

Deinde eâ re tantisper expositâ, reditus ad propositum significari debet, maximè si fuerit longiuscula digressio. Præterea digressio fit præcipuè laudandi, vituperandi, causa ; et, quando materia inamœna est et ingrata, delectandi,

CAPUT TERTIUM.

De Amplificatione.

GRAVISSIMA pars Eloquentiæ est Amplificatio, quæ per omnes argumentationis partes, velut sanguis per humanum corpus, fusa esse debet; nam omnis Rhetoricæ vis in amplificando consistit : quare maximè interest clarum et apertam Amplificationis ideam adolescentibus proponere.

Quid est Amplificatio ? ℞. Cum Cicerone *in partit.* Est gravior quædam affirmatio, quæ motu animorum conciliat in dicendo fidem. Antè dixerat : Amplificatio est vehemens quædam argumentatio, ut illa docendi causa sit, hæc commovendi. Ex qua definitione adverte finem proprium ac proximum Amplificationis esse, magis voluntatem movere, quàm intelligentiam convincere: propterea rem argumentis jam probatam, et argumentationibus expositam, solet ipsa Amplificatio subsequi. Deinde illam non adhiberi, nisi in rebus magnis, et in gravioribus causis: neque enim res minutæ et exiles amplificandæ. Tum maximè verborum ac sententiarum figuris fusè efferri: quod idem postea de affectu dicemus.

Quotuplex est Amplificatio ? ℟. Duplex: Alia verborum, de qua etsi lib. 3. de Elocutione, hic tamen pauca dicemus ex Cicerone.

Alia rerum, quæ quatuor modis fit: I. Per incrementum. II. Per comparationem. III. Per ratiocinationem, sive Emphasim. IV. Per congeriem: quos quatuor Amplificationis modos, seu fontes, ex Quintiliano *lib.* 8. *cap.* 4. aperiemus.

Quomodo Amplificatio verborum fit ? ℟. Verba, inquit Cicero *in partit,* ponenda sunt, quæ vim habeant illustrandi, nec ab usu sint abhorrentia, gravia, plena, sonantia, juncta, facta, cognominata; non vulgata, superlata, imprimisque translata; nec in singulis verbis, sed in continentibus soluta, quæ dicuntur sine conjunctione, ut plura videantur.

Illustrandi vim habent Epitheta, uti plura verba, et sententiæ ejusdem significationis. Pro Milone: *Erat id temporis clarissimus et fortissimus consul inimicus Clodio P. Lentulus, ultor sceleris illius, propugnator senatûs, defensor vestræ voluntatis, patronus illius publici consensûs, restitutor salutis meæ.*

Quid est amplificatio rerum per Incrementum? *Climax*.
℞. Quintilianus hanc optimè tractat. *lib.* 8. *cap.* 4. Est cùm per gradus crescit oratio, et ad summum pervenit: fitque duobus modis.

I. Cùm in contextu et cursu orationis semper aliquid priore majus insequitur; ut de vomitu in Antonium Cicero Philipp. 2. *Tu istis faucibus, istis lateribus, ista gladiatoria totius corporis firmitate tantum vini in Hippiæ nuptiis exhauseras, ut tibi necesse esset in populi Rom. conspectu vomere postridie. O rem non modò visu fœdam, sed etiam auditu! si inter cœnam, in tuis immanibus illis poculis, hoc tibi accidisset, quis non turpe duceret? in cœtu verò populi Rom. negotium publicum gerens, magister equitum, cui ructare turpe esset, is vomens frustis esculentis vinum redolentibus, gremium suum et totum tribunal implevit.* Singula incrementum habent: per se enim deforme erat, vel non in cœtu vomere: in cœtu etiam non populi: populi etiam non Romani: vel si nullum negotium ageret, vel si non publicum: vel si non magister equitum.

II. Cùm ea quæ minora sunt, magna facimus, ut quod ultimo loco ponitur, maximum esse videatur. Ita Cicero in Ver. Ver. 7. *Facinus est vincire civem Rom. scelus verberare, propè parricidium necare: quid dicam in crucem tollere?* Huc refertur Extenuatio, cùm res atrocissimas, *inquit Fabius*, quasque in summam ipsi extulimus invidiam, elevamus consultò, quò graviora videantur, quæ secutura sunt.

Quomodo fit amplificatio rerum per comparationem? ℞. Cùm exempla similiaque quærimus, quorum comparatione res, quam attollere cupimus, maxima videatur. *Quintil. lib. 8. cap. 4.* Cicero I. Catil. *An verò vir amplissimus P. Scipio, Pontifex maximus, Tribunum Gracchum mediocriter labefactantem statum Reip. privatus interfecit: Catilinam orbem terrarum cæde atque incendiis vastare cupientem nos Consules perferemus?*

Hic nota ex Quintiliano non modò tota totis, sed etiam partes partibus comparari: nam et Catilina Graccho, et status Reip. orbi terrarum, et mediocris labefactatio cædi et incendiis, et privatus Consulibus, comparatur: quæ si quis dilatare velit, plenos singula locos habent.

III. Catil. idem Tullius conjurationem à se extinctam amplificat insigni comparatione quinque bellorum civilium, quæ civium sanguine redundârunt. *Recordamini, Quirites, omnes civiles dissentiones, etc.*

Quomodo fit amplificatio per ratiocinationem? ℞. Cùm aliud augetur, ut aliud crescat. *Quintil. lib. 8. cap. 4. Sic hostis fortitudo et virtus.* v. g. Hannibalis extolli potest, ut major victoris gloria, v. g. Scipionis crescat.

Unde amplificatio rerum per congeriem sumitur? ℞. Ex iisdem ferè locis, quibus argumenta: ut sunt definitiones conglobatæ, et consequentium frequentatio, et contrariarum, et dissimilium, et inter se pugnantium rerum conflictio, et causæ, et effecta, et adjuncta, et enumeratio partium. *Cicero in partit.*

Quid est amplificatio à definitionibus conglobatis? ℞. Est ea, in quam variæ unius rei definitiones congeruntur. Ut: *Historia testis est temporum, lux veritatis, vita memoriæ, magistra vitæ, nuntia vetustatis.*

Quid est amplificatio à consequentium frequentatione? R. Est ea, in qua plura ponuntur acervatim ex eadem re consequentia. Ut: *Si bellum geritur, urbibus populatio, campis vastitas, ruina templis, divinis omnibus et humanis extrema pernicies inferetur.*

Quid est amplificatio à contrariarum rerum conflictione? R. Est ea in qua plura contraria inter se per antitheses opponuntur. Ut: *Hoc verò quis ferre possit inertes homines fortissimis insidiari, stultissimos prudentissimis, ebriosos sobriis, dormientes vigilantibus, etc.* Huc pertinet rerum inter se pugnantium dissensio, in qua adversarium, aliumve, sibi contradicere ostendimus.

Quid est amplificatio à rerum dissimilium colluctatione? R. Est ea, in qua plura dissimilia afferimus. Ut Cicero 2. Catilin. *Instruite nunc, Quirites, contra has tam præclaras Catilinæ copias vestra præsidia, vestrosque exercitus: et primùm gladiatori illi confecto ac saucio consules imperatoresque vestros opponite. Deinde contra illam naufragorum ejectam ac debilitatam manum florem totius Italiæ ac robur educite: jam verò urbes coloniarum ac municipiorum respondebunt Catilinæ tumulis silvestribus: neque verò cæteras copias, ornamenta, præsidia vestra cum illius latronis inopia atque egestate debeo conferre.*

Quid est amplificatio à causis et effectis conglobatis? R. Est ea, in qua multæ unius rei causæ et effecta conglobantur. Ut: *Quereris multimodis vexatam esse provinciam? sed ad causas calamitatis at-*

tende: vigebat in ea ambitio, luxuria dominabatur, segnes erant magistratus, populus ipse molli otiosaque securitate diffluebat. Expecta igitur damna longè graviora: exhaurientur pecuniæ, jacebit spreta religio, cædes impunè volitabunt.

Quid est amplificatio ab adjunctis conglobatis? ℞. Est ea, quæ ab omnibus seu rerum, seu personarum adjunctis, ac circumstantiis ducitur: quæ amplificatio celeberrima est apud Ciceronem. Pro Cluen. n. 14. insigniter Cicero nuptias Sassiæ cum genero describit ab adjunctis. Iterum postea in peroratione ab adjunctis istius matris impietatem insectatur, quæ filium accusatura Romam proficiscitur, n. 129. *Atque his rebus.* etc.

Quid est amplificatio ab enumeratione partium? ℞. Est ea in qua totum in partes diffundimus: quod item oratoribus frequentissimum est. Quintilianus lib. 6. 8. cap. 3. urbem captam describit ab enumeratione partium: *Apparent fusè per domos ac templa flammæ, et ruentum tectorum fragor, et ex diversis clamoribus unus quidem sonus: aliorum fuga incerta, alii in extremo complexu suorum cohærentes, et infantùm fœminarumque ploratus, et malè usque in illum diem servati fato senes: tum sacrorum profanorumque direptio, efferentium prædas, repetentiumque discursus, et acti ante suum quisque prædonem catenati, et conata retinere infantem suum mater, et sicubi majus lucrum est pugna inter victores.*

Quis est usus amplificationis, et quomodo differt ab argumentatione? ℞. Differt tribus: *Palatium Eloquent. de Amplific. lect.* 5. *puncto* 1.

I. Materiâ: nam adhibetur argumentatio ad omnia quæstionum genera: amplificatio verò non nisi ad res magnas et graviores causas, in quibus est aliquid maximè calamitosum, indignum, lætum, triste, formidandum, amabile, optandum.

II. Tractatione: nam argumentatio magis pressè et argutè proponit, ac sedatè fertur instar amnis leniter fluentis; amplificatio fusè et graviter explicat, et pelagi in morem intumescit figuris et affectibus.

III. Fine discrepat: nam finis proprius et proximus argumentationis est facere fidem, seu intelligentiam convincere: amplificationis verò movere voluntatem: unde nonnisi re jam benè expositâ et confirmatâ adhibetur.

Servit tamen et fidei faciendæ, quia ubi exarsit auditor, motumque concepit, multò firmiùs quàm ante rebus creditis adhærescit.

CAPUT QUARTUM.

De Inventione in particulari.

ETSI ex supradictis fontibus omnis ad omnem orationem manat Inventio; tamen veteres oratores de triplici genere quæstionum seorsim præcepta tradiderunt, quæ nos brevi perstringemus.

De iis, quæ speciatim pertinent ad Inventionem in genere demonstrativo.

Quæ speciatim invenienda sunt Oratori in genere demonstrativo? R. Quæ laudet vel vituperet.

Quæ sunt laude digna? R. Personæ, et res.

Unde laudantur personæ? ℟. Ab adjunctis internis et externis. *Cicero de Orat.* 3. *Quintil. lib.* 8. *cap.* 7.

Quænam sunt adjuncta interna seu animi? R. Sunt virtutes, vel cogitationis seu scientiæ; ut: *Prudentia, Sapientia, Dialectica, Eloquentia:* vel actionis, ut *Religio in Deum, Pietas in parentes, Justitia in omnes, Temperantia, Verecundia.*

Harum virtutum laus ampla est, quando unaquæque in suas partes atque officia distribuitur; ut si laudare charitatem velis, partes illius, hoc est, fidem, benevolentiam, constantiam, et officia in prosperis rebus, sine spe mercedis, amici causâ, adversisque ferendis enumeres. Ita Cicero pro lege Manil. virtutes Imperatoris Pompeii laudat. Et pro Marcello, clementiam Cæsaris. Et pro Archia studia humanitatis. Et Philipp. 9. S. Sulpitii scientiam, dignitatem, fortitudinem.

Quænam sunt adjuncta externa? ℟. Dona fortunæ, ut, *Educatio, Opes, Divitiæ, Propinqui, Amici, Potentia, Gratia, cæteraque hujusmodi.* In corpore verò sunt hæc, *Forma, Vires, Valetudo,* et his similia alibi item enumerata.

Qui hæc habuerit, laudabitur, quòd benè illis sit usus; si non habuerit, quòd sapienter caruerit: quòd moderatè tulerit.

Quot sunt tempora, secundùm quæ homo laudari potest? ℟. Tria:

I. Quod vitam antecessit, in quo spectantur responsa, vel oracula, vel signa, quæ futuram claritatem indicârunt. Item natio, patria, genus: hæc si clara, pulchrum erit eorum splendori respondisse: sin obscura et humilia, laus erit nobilitasse factis.

II. Tempus est vitæ: ut pueritiæ, in qua spectatur indoles, pulchritudo, educatio: ut adolescentiæ, in qua attenduntur mores, virtutum studia et artium; ut virilis ætatis, in qua vitæ genus ac dignitas, dicta factaque præclarè, privatim ac publicè considerantur; ut senectutis, in qua laudatur prudentia, consilium, religio, constantia.

III. Tempus est, quod mortem insequitur, in quo ipsum mortis genus, ac decreti honores, pompaque funebris, ac desiderium mortui, recta institutio liberorum, multaque ab ipso inventa institutaque prædicantur.

Quænam res laudantur? ℞. Quæ sunt honestæ: bruta quoque animantia, et carentia animâ; ut urbes, flumina laudari possunt. *Quintil. ibid.*

Unde urbium ac regionum laus ducitur? ℞. I. A conditoribus. II. A vetustate. III. Ab incolis ipsorumque rebus gestis. IV. A situ, munitione, cœli clementia. V. A Reip. forma, institutis, artibus, opibus. Laus agrorum ab amœnitate loci, à fertilitate et ubertate frugum et fructuum, à cultura, prædiis: et sic de cæteris.

Postremùm duo animadverte. I. Confici hoc genus laudis ad animi motus leniter tractandos magis, quàm ad fidem faciendam: proprium enim laudis est res amplificare, et delectando ornare. II. In vituperationibus servanda contraria omnia illis, quæ de laudatione diximus. Quod in orationibus Cicero in Pisonem, in Vatinium, in M. Antonium colligere licet.

Ad genus demonstrativum solent referri gratulatio, gratiarum actio, oratio funebris, et similia; quæ propè iisdem ac supra traditis præceptis continentur.

De iis, quæ speciatim pertinent ad Inventionem in genere Deliberativo.

Quæ speciatim invenienda sunt Oratori in genere Deliberativo? ℞. Ea, quibus suadeat quidpiam, vel dissuadeat.

Quidnam valet ad suadendum? ℞. Quod honestum esse ostenditur, utile, necessarium, possibile, facile, jucundum. Ad dissuadendum valet, quod his esse contrarium monstramus. *Cicero de Orat. lib.* 2.

Honestum est autem, inquit Cicero *in partit.* et Aristot. *Rhetor. lib.* 1. *cap.* 4. quod per se laudabile est, ac propter se expetendum; ut virtutes. Utile, quod propter commodum expetitur, sive adjunctam habeat honestatem; ut gloria, honos, dignitas; sive non habeat, ut divitiæ, valetudo. Necessarium, sine quo salus, aut dignitas stare non potest aut vix potest. Possibile, quod fieri aut esse potest. Facile, quod parvo negotio. Jucundum, quod honestam habet voluptatem.

Quæ sunt in suadendo, vel dissuadendo spectanda? ℞. I. Res quæ suadetur. II. Apud quos suadetur. III. Is, qui suadet. *Quintil. lib.* 3. *cap.* 8.

I. Res, quæ suadetur, esse seu fieri potest, vel non: si non, suasio tollitur. Si potest esse seu fieri, vel est honesta, vel utilis; si honesta, hanc apud homines honestos facile est suadere, apud turpes, non ita, qui utilitate magis, aut etiam metu solent moveri. Si res utilis sit esse facilis ostendetur, et magna, et jucunda, et sine periculo. Dissuasor autem rem ostendet esse difficilem, et parvi momenti, nullam in ea jucunditatem, plurima verò esse pericula.

II. Cùm duo (ut citato libro Cicero, et Aristoteles *Rhetor. lib.* 2. *cap.* 12 *et. seq.*) sint hominum genera: alterum indoctum et agreste, quod antefert semper utilitatem honestati; alterum expolitum, quod rebus omnibus dignitatem anteponit: apud hos, et istos variè suadendum est; ac videndum imprimis, qui quibus magis feriantur, an utilitate, an honestate, an voluptate.

III. Spectanda est in eo, qui suadet, virtus, sapientia, honestas, eloquentia, ut possit mente providere, authoritate probare, et persuadere oratione, et vitæ exemplo præire. Nam suadere aliquid, aut dissuadere non est omnium, sed gravissimæ personæ, et sanctæ, et sapientis, et honestæ, et disertæ.

Huc revocantur suasionis quædam quasi partes, seu species; ut adhortatio, commonitio, commendatio, consolatio; his non immoramur, quia nihil admodùm particulare habent.

De iis quæ speciatim pertinent ad Inventionem in genere Judiciali.

Quæ speciatim invenienda sunt Oratori in genere Judiciali? ℞. Quæ accuset, vel defendat. Verùm quia jam omnis propè judiciorum ratio mutata est, non ex veteribus, sed ex jure novo, et locorum, in quibus perorantur causæ, consuetudine ac moribus repetenda sunt. Ad hoc tamen genus pertinent quædam quæstiones, quæ Rhetoribus status dicuntur, quod in iis causa consistat. De his hic breviter agendum est.

Quid est Status? ℞. Est quæstio, quæ ex prima causarum conflictione nascitur: ut, *Si accusator dicat, reus occidit, defensor reus non occidit:* status est hæc quæstio, *An occideret:* quia in ea quæstione tota causa stat, et sistit; idcirco causæ status est. *Quintil. lib. 3. cap. 6.*

Quot ejusmodi status in causis esse possunt? ℞. Tres. *Cicero in Topic. et partit.*

I. An sit Res, nec ne; diciturque status conjecturalis, quòd in eo conjecturis veritas indagetur: ut, *An Miloni insidiatus sit Clodius.*

II. Quid sit Res, et quo nomine appellanda; diciturque status definitionis, seu finitivus, quòd in eo facti, vel rei nomen definiatur: ut, *An Julius Cæsar tyrannus fuerit, vel rex.*

III. Qualis sit Res, dicitur status qualitatis, quòd in eo quæritur, qualis sit Res: an honesta, an æqua, an iniqua: ut, *An cædes Clodii utilis, honesta, et æqua fuerit. An jure Cicero Lentulum Catilinariæ conjurationis socium occidi jusserit.*

Huc pertinet quærendum quid sit Ratio? ℞. Est, quæ affertur ad depellendum crimen, quaque proindè reum rationabiliter tuetur defensor.

Quid est Firmamentum? Est, quod affertur ad probandum crimen, quoque proinde firmatur contra reum accusatoris ratio.

Quid est judicatio? ℞. Est status ille, seu quæstio jam dicta, quæ ex rationis et firmamenti conflictione oritur: quæque proindè vocatur etiam judicatio, quòd in judicium veniat.

Quanquam status maximè dicitur, cùm consideratur nudè sine ratione et firmamento: judicatio verò, quando cum ratione juncta sumitur.

LIBER SECUNDUS

DE

SECUNDA PARTE RHETORICÆ

SEU DE DISPOSITIONE.

QUID est Dispositio? ℟. Definitur à Cicerone rerum inventarum in ordinem distributio. *Cicero de invent. Quintil. lib. 7. in prof.* Quæ pars non minus utilis et necessaria est ad fidem et motum, quàm instructa ad pugnam ac victoriam acies: aut in corpore humano conformatio membrorum ad gratiam pulchritudinemque.

Quotuplex est Dispositio? ℟. Duplex: naturalis, et artificiosa; hæc longo usu et arte nititur: illa sine arte, instinctu quodam naturæ fit. Nam ita sunt omnes à natura comparati, ut si quis quid dicturus sit apud aliquem exordii vice præmittat aliquid, quo benevolum sibi faciat, et attentum, aut causam dicendo explicet tum rem exponat, explicatam confirmet rationibus, denique preces et motus adhibeat ad flectendum accommodatos: quæ sine præceptis omnia conficit.

Quot sunt partes artificiosæ Dispositionis? ℟. Quatuor: Exordium, Narratio, Contentio, Peroratio: quarum duæ valent ad fidem faciendam, Narratio et Contentio: duæ ad motum, Exordium et Peroratio. *Cicero in partit.* Exordio præparamus auditorem: Narratione rem et causam exponimus: Contentione cùm nostra tuemur, et defendimus, tum adversariorum objecta refellimus: Peroratione concludimus.

Quamquam, si rigidè agitur de partibus necessariis ac perpetuis, tres sunt tantùm, et in omni oratione partes necessariæ: exordium, contentio, peroratio. Nam in exornatione, et deliberatione, non adhibetur narratio, sed tamen variis in locis quædam narratiunculæ inseri queunt, vel ad laudem, vel ad suasionem. Quod facit Cicero pro lege Manil. n. 4. ubi narrat bellum grave et periculosum Romanis inferri à duobus Asiæ potentissimis regibus, et Lucullum ab eo bello discedere.

Quid in his singulis partibus de argumentorum et affectuum Dispositione sentiendum est? ℞. Fortia argumenta initio collocanda sunt, mediocria in medio, postremo loco fortissima. *Quintil. lib. 6. cap. 1.*

Deinde cavendum est semper, ut ita disponamus argumenta, ut non solùm unum pòst aliud, sed etiam unum ex alio duci videatur: scrutari proinde oportebit, quæ argumenta affinitatem habeant, ut connectere faciliùs illa possimus; quod mirum est, quàm juvet ad transitiones.

Cavendum etiam, ut ita disponantur, ut semper crescat oratio, et semper plus aliquid, et majus docere videamur. Eadem cavenda in affectibus.

Præterea affectus, licet maximè in exordio lenes, in peroratione vehementes dominentur, optimè per totam Orationem spargi possunt, et debent: præsertim post narrationem, vel re expositâ, vel argumentis nostris confirmatis, vel contrariis confutatis.

CAPUT PRIMUM.

De Exordio.

HÆC pars magni momenti est atque elaboranda: Prima est enim quasi cognitio, et commendatio oratoris. *Cicero de invent. Quintil. lib. 4. cap. 1.*

Quid est Exordium ? ℟. Est pars orationis, quæ auditoris animum idoneè comparat, ad reliquam dictionem.

Quotuplex est Exordium? ℟. Triplex Ciceroni, et Quintiliano est visum: legitimum, abruptum, et insinuatio.

Quod est Exordium Legitimum, seu Justum? ℟. Est illud in quo apertè auditores benevolos, attentos, et dociles reddimus. Etenim hoc efficere conamur in Exordiis (inquit in Partitionibus Cicero) ut amice, ut intelligenter, ut attentè audiamur. *Cicero de Invent, lib. 1.*

Unde Exordia Legitimo captatur benevolentia? ℟. Ex quatuor locis: ab nostra, ab adversariorum, ab Judicum persona, ab ipsa causa. Ab nostra, si de nostris factis et officiis sine arrogantia dicemus: si crimina illata, et aliquas minus honestas suspiciones injectas diluemus: si quæ incommoda acciderint, aut quæ instent difficultates, proferemus: si prece, et obsecratione humili ac supplici utemur. Ab adversariorum autem, si eos aut in odium, aut in invidiam, aut in contemptionem perducemus. In odium adducentur: si quid eorum spurcè, superbè, crudeliter, malitiosè factum proferetur. In invidiam, si vis eorum, potentia, divitiæ, cognatio, pecuniæ proferentur, atque eorum usus arrogans, et intolerabilis, ut his rebus magis videantur, quàm causæ suæ confidere. In contemptionem adducentur, si eorum inertia, negligentia, ignavia, desidiosum studium, et luxuriosum otium proferetur. Ab auditorum persona benevolentia captabitur, si res ab ipsis fortiter, sapienter, mansuetè gestæ proferentur, ut ne qua assentatio nimia significetur: etsi de his quæ honesta existimatio, quàntaque eorum judicii, et auctoritatis expectatio sit, ostendetur. Ab ipsis rebus, si nostram causam per contemptionem deprimemus.

Quomodo in Exordio legitimo conciliatur attentio ℞. Si significemus nos de rebus magnis, et necessariis, et utilibus esse dicturos. *Cicero de Invent. in lib. 1. et Partit.* Ita pro Rab. *Sic enim existimare debetis, Quirites, post hominum memoriam rem nullam magis periculosam, magis ab omnibus vobis providendam, neque à Tribuno plebis susceptam, neque à consule defensam, neque ad populum Romanum esse delatam.* Interdum etiam peti potest attentio.

Quomodo docilitas comparatur; ℞. Si apertè et breviter summam causæ exponemus: seu, si complectare à principio genus naturamque causæ, si definias, si dividas, si neque prudentiam auditoris impedias confusione partium, nec memoriam multitudine. Quomodo idem Cicero clarè proponit pro lege Manilia. Gerendum esse à populo Rom. bellum in Asia, et huic bello præficiendum Cn. Pompeium.

Quod est Exordium Abruptum? ℟. Est illud, in quo Orator non præparat auditorum animos, sed quasi quodam calore mentis, et impetu dicere incipit, vel indignando, vel commiserando, vel gaudendo, vel in alium subitò vehementem affectum prorumpendo. Ita Cicero in Catilinam: *Quousque tandem, etc.* et in Pisonem: *Jamne vides bellua, etc.* II. Catilin. per repentinum lætitiæ motum: *Tandem aliquando, etc.*

Solet hoc Exordium stylo conciso, et in invectivis præsertim usurpari, cum dignitate ac prudentia.

Quid est Insinuatio? ℟. Est illa, qua callidè et latenter insinuamus nos in benevolentiam auditorum, cujus illud in universum præceptum sit, ut ab iis quæ lædunt, ad ea quæ prosunt, refugiamus.

Quando Insinuatione utendum est? ℟. Quintilianus *lib.* 4. *cap.* 1. tria tempora assignat: unum, quando frons causæ non satis honesta est, vel quia res sit improba, vel quia hominibus parum probetur. Secundum, quando dicendum est apud fatigatos. Tertium, cùm adversarii actio judicum animos occupaverit: ad hoc repellendum Prolepsis, ad illud urbanitas confert.

Cicero *de Invent. lib.* 1, tum dicit Insinuatione utendum, cùm genus causæ admirabile est, à quo alienatus est animus eorum, qui audituri sunt. Humile, quod negligitur ab auditore, et non magnoperè attendendum videtur. Anceps, in quo aut judicatio dubia est, aut causa et honestatis, et turpitudinis particeps, ut benevolentiam pariat, et offensionem. Obscurum in quo aut tardi auditores sunt, aut difficilioribus ad cognoscendum negotiis causa implicita est.

I. Igitur si vis auditori sit infesta, oportet dissimulare, et ingredi pedetentim, et dicere ea, quæ indignantur adversarii, tibi quoque indigna videri. Deinde cùm lenieris, ad rem delabi. Quo modo ipse Cicero antequam legem Agrariam (à cujus oppugnatione populum alienatum esse noverat) dissuadeat, multum præmittit à sua, et auditorum, et adversariorum persona.

II. Si res sit incredibilis, aut absurda, aut præter opinionem audientium, oportet se præmunire, aut rem testimoniis confirmare. Ita pro Marcello, n. 12. *Vereor ut hoc, quod dicam, non perinde intelligi auditu possit, atque ego ipse cogitans sentio. Ipsam victoriam vicisse videris, cùm ea ipsa, quæ illa erat adepta, victis remisisti.*

III. Si res sit humilis, illam tu prudenter amplifices, resque novas, et magnas, neque extra causam pollicearis. Philip. VII. n. 1. *Parvis de rebus, sed fortassè necessariis consulimur, P. C. etc. Adducta enim res in maximum periculum, et extremum penè discrimen.*

IV. Si anceps, tum maximè securitatem ac fiduciam ostendemus, ut pro Ligario, num. 2. *Habes igitur, Tubero, quod est maximè accusatori optandum, confitentem reum,* etc.

9

V. Si obscura, auditorem docebimus proponendo, definiendo, dividendo ut suprà.

VI. (Ut ad Quintilianum veniamus) si parum honesta et turpis; vel cum excusatione obscurè declaratur, vel cùm præteritione sileatur: ut pro Cluent., n. 17. *Illud me non præterit, cujusmodicumque mater sit, tamen in judicio filii de turpitudine parentis dici vix oportere.*

VII. Si reprehendenda, ant parum hominibus ob acrimoniam probanda; vel excusatione utemur: ut Cicero de Harusp. respons. excusat suam in senatu iracundiam adversus Clodium. *Hesterno die, P. C. etc.* vel reddemus rationem: ut II. Agrar., n. 61. *Non consuevi homines asperiùs, Quirites, nisi lacessitus, etc. Velim fieri posset, ut à me sine contumelia nominarentur ii, qui se decem viros sperant futuros.* Et Philipp. II n. 10. *Non tractabo ut consulem: ne ille quidem me ut consularem: etsi ille nullo modo consul, etc., ego sine ulla controversia consularis.* Vel illius, quem arguimus, nomini parcendum, præmittendave excusatio, aut etiam laudatio. Ita Cicero pro lege Manil. Catulum et Hortensium laudat, quos liberiùs postea redarguit. Et pro Muræn. Catonem. Ita pro Sylla Torquatum excusat, n. 47. *Fero ego te, Torquate, et jam dudum fero, etc. Permitto aliquid iracundiæ tuæ, do adolescentiæ, cedo amicitiæ, tribuo parenti, etc.*

VIII. Si erit fatigatus auditor, non inutile est ab aliqua re nova et ridicula incipere, aut ex tempore, quæ nata sit, quod genus, strepitum, acclamationem;

aut jam parata, quæ vel apologum, vel fabulam, vel aliquam contineat irrisionem. Aut si rei dignitas adimet jocandi facultatem, aliquid triste, novum, horribile, statim non incommodum est incipere. Quod animadvertes passim in Cicerone, qui jocis et risu abundat.

IX. Si erit auditor persuasus, statim à persuasione dimovendus est. Ita pro Milone præjudicia refutantur ante narrationem rei gestæ, ejusque confirmationem. Et pro Cluent. n. 6. Orator postulat à judicibus ne præjudicia veritatem labefactent in ista causa, seu inveterata invidia. Sic etiam accusatus à Torquato quare Syllam defendat, prius confutat objecta adversarii, quàm ad contentionem seu ad causam Syllæ accedat.

Ex his, quæ hoc articulo diximus, patet insinuationem magno in judicio et prudentia dicentis versari, ut non intelligentiam modò, sed gratiam et attentionem auditoris comparet in omni causa, plerumque etiam sibi adversa. Qua arte valuit Tullius, qui ubique artificioso callidæ et astutæ orationis cursu detinens auditores, permovet tandem non solùm imperitos, sed etiam doctos. Nam pro Ligario tam callidè et convenienter dixit, ut Cæsari (quamvis in ista causa judici et adversario) tamen veluti stupefacto, et extra se posito, color varie mutatus sit, et libelli quidam è manibus exciderint.

Simili, sed magis sophisticâ, Socrates usus est insinuatione: nam cùm apud Platonem refellit Sophistas, ut Trasimachum, Gorgiam, Protagoram, et cæteros, non apertè, sed latenter, et occultis probationum quasi cuniculis incedit; ideoque ab iratis Sophistis sæpe contumeliosè reprehenditur, appellaturqe aliàs Torpedo, aliàs Dædalus, aliàs incantator.

Quæ sunt Virtutes Exordii? ℞. I. Virtus Exordii est, ut sit accuratum. Rationem attulimus suprà; quia Exordium prima est quasi cognitio et commendatio Oratoris. *De Orat. lib.* 2.

II. Virtus est, ut sit proprium, et ex visceribus causæ. Viscera autem causæ sunt loci intrinseci, ut genus, similitudo, repugnantia, causæ, effecta, maximè adjuncta, vel personæ, quæ dicit, vel loci ubi dicit, vel eorum apud quos dicit, vel temporis quo dicit, vel materiæ de qua dicit. Ita Cicero ab his frequentissimè exordia mutuatur. Nam pro Dejotaro loci angustias: pro Cælio temporis insolentiam: pro Milone novam rationem judiciorum sumit, etc.

III. Virtus est, ut sit instructum sententiis. Verùm diligenter animadverte sententiam aliam esse apertam, aliam occultam.

Aperta sententia est, pronunciatum quoddam commune, abstrahens à personis et factis. Ut, *Accusatorem oportet esse integrum. Fortior est qui se, quàm qui fortissima vincit mœnia.*

Occulta sententia est pronunciatum quoddam particulare, afficiens certas personas, facta, loca, tempora, et ejusmodi. Ut, *Tu verò, Cæcili, quomodo furti accusare Verrem poteris, cùm ejusdem ipse sis particeps criminis; Fortior fuisti, C. Cæsar, vincendo teipsum, et parcendo Marcello, aliisque Pompeianis, quàm do-*

mando gentes immanitate barbaras, multitudine innumerabiles, locis infinitas. Sententiis apertis utimur, cùm authoritatem habemus, vel ad confirmandas res graves, et componendos hominum mores: occultis utimur callidè ad rem nostram probandam; habent enim eamdem vim et efficaciam ac apertæ, nec sunt ita obnoxiæ fastidio hominum, qui se doceri, aut moneri non amant. Propterea Cicero in Exordio pro Quinctio non apertè dicit, *iniquum est defensorem primo loco dicere*, ne videatur fortasse ista sententia arrogantior sed pro Rhetore occultiùs: *Quid hoc iniquius, C. Aquili, dici, aut commemorari potest, quàm me, qui caput alterius, famam fortunasque defendam, priore loco dicere?*

Hinc patet quid sit Exordium sententiis instructum; non illud, in quod ingeruntur multæ sententiæ ad propositionis confirmationem; sed illud, in quo latent singulares veritates ex universalibus deductæ. Enimverò hoc est sententiosè dicere, et proprium Oratori non in Exordio solùm, sed ubique in oratione.

Quæ sunt Vitia Exordii? ℞. I. Si commune est, quod in plures causas; aut in contrariam etiam partem causæ, potest convenire.

II. Si longum, quod pluribus verbis, aut sententiis ultra, quàm satis est, producitur.

III. Si separatum, quod non ex ipsa causa ductum est.

IV. Si irregulare, seu contra præcepta; in quo auditor nec benevolus, nec attentus, nec docilis redditur.

Quod est artificium Exordii? ℞. Exordium, ut sit ex arte, præcipuè ca debent esse, quæ sensim præparent auditorem ad id, quod postea contendemus: ut sunt pleraque adjuncta, et causæ, aliique loci intrinseci; ex quibus, utpote visceribus causæ, idoneè delabimur ad proponendam causam nostram, deindè distribuendam, tum confirmandam. *Quintil. lib. 4. cap. 1.*

Ita in omnibus fermè Exordiis Cicero.

Non tamen denoto hæc in Cicerone, quòd improbem exordia ducta à simili, ab apologo, fabula, apophthegmate, paradoxo, thesibusque universalibus, quibus hodie Oratores sacri utuntur.

Deinde in Exordio, ut sit ex arte, latere debent prima semina amplificationis et affectuum, quos totos explicare non oportet, sed tantùm impellere auditorem leniter, ut jam inclinato et affecto reliqua incumbat oratio. Certè in oratione pro Quinctio sunt amplificationes injuriæ, quæ fit Quinctio, et affectus commiserationis in eundem, et odii in Nævium, cæterosque adversarios. Similiter pro Roscio Amer. et in Divinat, et fermè in omnibus.

Hac tamen cautione prospiciendum in Exordio, ut amplificatione rerum parcè et breviter utamur; illa verborum liberior est: tum oratorii numeri suavitas, et periodorum venustas amplum facit Exordium.

Sint etiam in Exordio affectus ut plurimùm leniores; vel si aliquando graves, sint tantùm quasi inchoati: nondum enim exarsit Orator, sed sensim progreditur et assurgit.

Postremò Aristoteles *Rhetor, lib. 5. cap. 14. et ad Al. cap. 31.* Cicero, Quintilianus admonet in singulis generibus proprium esse aliquid Exordio. In genere demonstrativo Exordia sunt maximè libera: nam et longè à materia duci, et ex aliqua rei vicinia possunt. In deliberatione verò sæpè nulla vel brevia esse debent: non enim ut supplex ad judicem venit Orator, sed hortator atque auctor. In genere judiciali ex ipsis visceribus causæ sunt sumendæ, judicem conciliando, et causæ nostræ utilitatem accersendo. Cæterùm in parvis atque frequentibus causis, vel etiam in honestis, non semper veteres Oratores Exordio utebantur, sed ab ipsa re incipiebant. Dabant etiam operam maximè, ne ostentarent in principiis curam.

CAPUT SECUNDUM.

De Narratione.

IN judiciis Exordio subjicitur Narratio nisi refutanda, et priùs melioranda sint quædam præjudicia et objecta. Ut pro Milone, pro Sylla, pro Muræna. Quod si rem jam narravit adversarius, narranda tantùm alio modo. quæ ipse contra nos falsò narravit. *Quintil. lib. 6. cap. 1.*

Quid est Narratio? ℟. Definitur à Cicerone *in partit.* rerum explicatio, et quædam quasi sedes ac fundamentum constituendæ fidei.

Quotuplex est Narratio? ℟. Quintilianus *lib.* 4. *cap.* 2. duplicem esse tradit; unam ipsius causæ; alteram rerum ad causam pertinentium. Narratio causæ, seu expositio rei, de qua status est, fit simpliciter, sine arte et amplificatione: Ut, *Clodius statuit Milonem occidere, quare ex urbe profectus, occurrit in-*

inico, *pugnavit, à Milone se defendente occisus est.* Narratio rerum, quæ pertinent ad causam, fit ornatè et copiosè, habetque sæpè probationis vim. Ut, *P. Clodius cùm statuisset, etc.* Ubi Orator amplè narrat singula, et quæ ad causam sunt utilia, miro artificio prosequitur.

Quot sunt Narrationis virtutes? ℞. Quatuor: Probabilitas, Brevitas, Perspicuitas, Suavitas. *Cicero in partit.*

Quâ ratione fit probabilis Narratio? ℞. Si personis, si temporibus, si locis, ea, quæ narrabuntur, consentient: si testata dici videbuntur: si cùm hominum opinione, auctoritate, si cum lege, cum religione conjuncta: si probitas narrantis significabitur, si antiquitas, si memoria, si orationis veritas, et vitæ fides.

Docet præterea Quintilianus, *lib. 4. cap. 1.* ut credibilior fiat narratio, semina quædam probationum spargere: verùm sic, ut narrationem esse meminerimus, non probationem. Nonnunquam etiam Argumento aliquo confirmabimus, quod proposuerimus, sed simplici et brevi: ut in veneficiis, *Sanus bibit, statim concidit, livor ac tumor confestim est insecutus.* Has vocat præparationes, quæ optimæ erunt, si latuerint: ut, à Cicerone sunt quidem utilissimè prædicta omnia, per quæ Miloni Clodius, non Clodio Milo insidiatus esse videatur: plurimum tamen facit illa callidissima simplicitatis imitatio: *Milo autem cùm in senatu fuisset eo die, quoad senatus est dimissus, domum venit: calceos et vestimenta mutavit: paulisper dum se uxor, ut fit, comparat, commoratus est.* Quàm nihil præparatò, nihil festinatò fecisse videtur Milo? Quod non solùm rebus ipsis vir eloquentissimus, quibus moras, et lentum profectionis ordinem ducit, sed verbis etiam vulgaribus, et quotidianis, et arte occultâ consecutus est: quæ si aliter dicta essent, strepitu ipsum judicem, deinde patronum excitassent.

Qua ratione Narratio fit Brevis? ℞. Si semel unaquæque res dicatur: si inde cœperimus rem exponere, unde ad judicem pertinet: si nihil extra causam dixerimus: si reciderimus omnia, quibus sublatis nec cognitioni quidquam, nec utilitati detrahatur. *Quint. ib.*

Ac multos decipit imitatio brevitatis, ut cùm se breves putent esse, longissimi sint, v. g. *In portum veni, navim prospexi, quanti veheret interrogavi, de pretio conveni, conscendi, sublatæ sunt anchoræ, solvimus oram, provecti sumus.* Nihil horum dici celerius potest; sed sufficit dicere, *è portu navigavi*. Et quoties exitus rei satis ostendit priora, debemus hoc esse contenti, quo reliqua intelligantur. In hoc ponenda est brevitas, ut non minus sed ne plus dicatur, quàm oporteat. *Quintil. ibid.*

Deinde vitanda illa Sallustiana (quamquam in ipso virtutis locum obtinet) brevitas, et abruptum sermonis genus: quod otiosum fortasse lectorem minus fallit, audientem transvolat, nec, dum repetatur, expectat. Media hæc tenenda est via narrandi, quantum opus est.

Denique illud Horatii evita: *Dum brevis esse volo, obscurus fio.* Et hoc ejusdem Quintiliani adverte: *Non inornata debet esse brevitas.*

Qua ratione Narratio fit perspicua? ℞. I, Si verbis usitatis et propriis aperta sit. II. Si ordo temporis et rei gestæ series servetur. III. Si adhibeatur aliqua divisio, et partitio. IV. Si res non interruptè narretur. V. Si ipsa etiam pronuntiatio in hoc accommodata sit, ut judex, quæ dicuntur, quàm facillimè accipiat. Cicero Catil. III. num. 8. *Orditur apertá narratione atque dilucidá, rebus, personis, temporibus, locis distincta.*

Qua ratione Narratio fit suavis? ℞. Si habeat admirationes, expectationes, exitus inopinatos, si interpositos motus animorum, colloquia personarum, dolores, iracundias, metus, lætitias, cupiditates. *Cicero in partit.* Deinde, si non eodem tenore, sed modò breviore stylo, modò prolixiore, parva pressè, magna subtiliter, atrocia invidiosè, tristia miserabiliter, læta jucundè efferantur; ut varius sermo effugiat tædium, et sine satietate delectet.

Vide insigne exemplum pro Cluentio, n. 11. *De Sassia.* Et Verrin III. n. 63. *De Philodamo.* Et Verrin VII. *De Navarchis, de civibus Rom. etc.* Verùm et aliæ Verrinæ abundant his Narrationibus, in quibus est mira Suavitas.

Quæ in Narratione potissimùm usurpantur Figuræ? ℞ I. Hypotiposis. Ut Verrin. VII. num. 160. *Cædebatur virgis in medio foro Messanæ civis Rom., cùm interea nullus gemitus, nulla vox alia istiùs miseri inter dolores crepitumque plagarum audiebatur, nisi hæc: Civis Rom. sum.* Ibid. *Ipse inflammatus scelere et furore in forum venit, ardebant oculi, toto ex ore crudelitas emicabat.*

II. Suspensio. Verr. VII. n. 10. *Quid deinde? quid censetis? furtum fortasse aut prædam expectatis aliquam? expectate facinus quam vultis improbum; vincam tamen expectationem omnium, etc.*

III. Dialogismus. Ut Verr. III, *Quæso, inquit, Philodame, cur ad nos filiam tuam non intrò vocari jubes?* (Et Paulò post) *Tum ille ut aliquid responderet, negavit esse moris Græcorum, ut in convivio virorum accumberent mulieres. Hic tum alius ex alia parte: enim verò ferendum hoc non est, vocetur mulier, etc.*

IV. Communicatio. Ut Verr. VII. n. 165. *Si tu apud Persas, aut in extrema India deprehensus Verres ad supplicium ducerêre, quid aliud clamitares, nisi te civem esse Romanum?*

V. Exclamatio, et Admiratio. Ut pro Cluent. de Sassia illa matre, ubi post aliquam narrationem hæc interserit ad motum, n. 15. *O mulieris scelus incredibile, et præter hanc unam in omni vita inauditum! ò libidinem effrenatam et indomitam! ò audaciam singularem! non timuisse sin minus vim deorum, hominumque famam, at illam ipsam noctem, facesque illas nuptiales, etc.*

Ex his patet in narratione reperiri etiam motus; qui tamen plerumque sunt lenes et moderati, fiuntque quasi per digressionem.

CAPUT TERTIUM.

De Contentione.

QUID est Contentio? ℞. Est, in qua firmamenta causæ afferuntur, dum, quæ contra nos sunt, refellimus, et nostra confirmamus. *Cicero de Orat.* 2.

Contentio ex tribus constat, propositione, confirmatione, et confutatione.

Quid est Propositio? ℞. Est brevis summa totius orationis; habetque tres conditiones (uti observat Juglaris) I. ut sit una, ex illius enim unitate desumitur unitas orationis. II. ut extendatur ad totum id, quod in oratione tractatur, hoc est, ut in illam, tamquam in metam, omnia argumenta colliment. III. ut sit clara, ut non modò intelligatur, sed nec possit non intelligi.

Alias à Quintiliano *lib.* 4. *cap.* 4. *etc.* dicitur (in genere judiciali scilicet), brevis status et totius causæ comprehensio: habetque duas partes, sejunctionem scilicet et distributionem. Sejunctio est oratio brevis declarans quid cum adversariis convenit, quid in controversia relinquitur. Distributio est oratio proponens quibus de rebus dicturi sumus: vel est explicatio ordinis, quem sequi volumus per totam orationem. Utraque debet esse clara et brevis, non ferè plusquam tria capita complectens.

Exempla sunt pro Muræn, n. 11. *Intelligo, Judices, tres accusationis partes fuisse; et earum unam in reprehensione vitæ, alteram in contentione dignitatis, tertiam in criminibus ambitûs esse versatam.* Et Philip.

VII. n. 9. *Cur igitur pacem nolo? quia turpis est, quia periculosa, quia esse non potest, quæ tria dum explico, peto à vobis, etc.* Pro lege Manil. *Primùm mihi videtur de genere belli, deinde de magnitudine, tum de imperatore deligendo dicendum.*

Quid est Confirmatio? ℞. Est pars contentionis, in qua rem à nobis propositam confirmamus. *Cicero de invent. lib.* 1.

Omnis autem Confirmatio consistit in argumentis et argumentationibus, quibus causæ nostræ fidem, et auctoritatem, et firmamentum adjungimus. Atque de argumentatione satis, et commodiùs diximus lib. 1. cap. 1. et. 2.

Quid est Confutatio? ℞. Est pars orationis, qua contrarias adversariorum argumentationes dissolvimus. *Cicero de invent. lib.* 1.

Quis est ordo in Confutatione tenendus? ℞. Contrarius qui in Confirmatione: nam primo loco infirma adversarii argumenta collocanda sunt, infirmissima ultimo, fortia in medio. Vel ordo is erit in refellendo, quem adversarius in objiciendo tenuerit.

Quotuplex est modus seu industria Confutandi? ℞. Ex Quintiliano *lib.* 4. *cap.* 18, et *lib.* 6. *cap.* 3. Triplex: Negando, Redarguendo, Elevando.

NEGANDO.

Quomodo confutamus Negando?

℞. I. Si omninò rem allatam ab adversario negamus. Ita apertè Cicero pro Quinctio, n. 36. *Negamus te bona Quinctii, Sexte Nævi, possedisse ex edicto Prætoris.*

II. Si crimen ab ejus, quem defendimus, persona et moribus alienum ostendimus. Pro Roscio Amer. n. 39. *Patrem occidit Sext. Roscius? qui homo? adolescentulus corruptus, et ab hominibus nequam inductus? annos natus magis quadraginta. Vetus videlicet sicarius, homo audax, et sæpè in cæde versatus? at hoc ab accusatore ne dici quidem audistis, etc.* Sic à persona Regis Dejotari, et prudentis, et probi; *pro Dejot.* n. 15.

III. Si factum negamus ab adjunctis loci, temporis, etc. Ut pro Milone. Si à consequentibus, ut pro Dejot. n. 12. Si remotione causarum, ut pro Cœlio, n. 56. Sæpè Cicero confutat hoc modo : nam ex negatione causæ, præsertim finalis, negationis effectus colligitur. Hoc est, si possit ostendi nullum fuisse homini propositum finem aliquid faciendi, probabile est non fecisse.

REDARGUENDO.

Quomodo confutamus Redarguendo?

R. I Si dubium, aut fictum, aut falsum esse possimus dicere, quod adversarius sumpserit. *Cicero in partit.* Pro Rosc. n. 53. *Exhæredare pater filium cogitabat, mitto quærere quâ de causâ, quæro qui scias, etc.*

II. Si non probabile affert adversarius. Ut pro Cluentio, n. 173. *jam verò illud, quàm non probabile, quàm inusitatum, judices, quàm novum, in pane datum venenum? faciliùsne potuit, quàm in poculo? Latentiùs potuit abditum aliqua in parte panis, quàm si totum colliquefactum in potione esset?* etc.

III. Si contraria, et pugnantia ab adversario dici ostendimus. ' Ut pro Rosc. n. 44. *Vides, Eruci, quantum distet argumentatio tua abs re ipsa, atque à veritate. Quod consuetudine patres faciunt, id quasi novum reprehendis: quod benevolentia fit, id odio factum criminaris: quod honoris causâ pater filio suo concessit, id eum supplicii causa fecisse dicis. Neque hæc tu non intelligis, sed usque eò, quid arguas non habes, ut non modò tibi contra nos dicendum putes, verùm etiam contra rerum naturam, contraque consuetudinem hominum, contraque opinionem omnium.*

IV. Si contemnimus crimina leviter ab adversario objecta. Ut pro eodem Rosc., n. 43. *Quod Erucio accidebat in mala nugatoriaque accusatione, idem mihi usuvenit in causa optima. Ille quomodo crimen commentitium confirmaret, non inveniebat: ego res tam leves qua ratione infirmem ac diluam, reperire non possum. Quid ais, Eruci, etc.* Et postea: *Odium igitur acerrimum patris in filium ex hoc, opinor, ostenditur, Eruci, quòd hunc ruri esse patiebatur. Numquid est aliud? imò verò, inquit, est: Nam istum exhæredare in animo habebat. Audio: nunc dicis aliquid, quod ad rem pertineat: nam illa, opinor, tu quoque concedis levia esse atque inepta, convivia cum patre non inibat, etc.* Denique concludit: *Quid mihi ad defendendum dedisti, bone accusator, etc.* Dissolvitque reliqua argumenta. Certè præclara est hæc confutationis forma, quâ Cicero Erucium variis modis excutit, urget, et contemnit.

V. Si crimen in adversarios detorqueamus, et suis

ipsos (quod Ciceroni frequentissimum est) argumentationibus jugulemus. Ita rursùs Cicero suum Erucium conficit, dum probabilius esse ostendit istos sicarios noctu, qui Romæ Sex. Roscium occiderunt, esse adversarios, n. 80. *Quid est ergo, quo tandem accusator inopia argumentorum confugerit?* etc.

VI. Si interrogando, increpando, concedendo, indignando, simulando irridemus adversarium: tum enim victores videmus, modò tamen absque arrogantia et immodestia. Et verò potentissimus est ad deprimendos adversarios, et concitandos pro nostra causa affectus, risus: undè in causa Muræne Cicero nihil æquè videtur opposuisse Catonis, et Sulpitii, maximorum virorum, authoritati, quam lætissimam illam suam facetè dicendi festivitatem, sicque omne judicium solutum est risu; ut Cato, quamvis naturâ, et institutione, ipsa quoque accusatoris persona, quam sustinebat, horridior, cùm tamen risum tenere nequiret, feratur dixisse: *Dii boni, quam ridiculum consulem habemus.* Præterea satis constat, non alia re, quàm jocorum opportunitate, in manifestissimis criminibus L. Flaccum severitati judicum à Cicerone esse ereptum: perpetuo enim risu ac facetiis in testes Asiaticos Romanosque cavillatur. Adeò ut Quintilianus, *lib.* 6. *cap.* 3. dixerit Ciceronem in jocis modum non tenuisse, Demostheni facultatem defuisse.

ELEVANDO.

Quomodo confutamus Elevando? ℞. Quando res, quam adversarius sumpserit, negari non potest, aut quando infirma est nostræ causæ ratio: duos assignat Agricola, *lib.* 2. *cap.* 21. elevandi, seu, ut ipse loquitur, elabendi modos: I. regerendo aliquid in personam adversarii: II. regerendo in rem ipsam. In rem regerimus, cùm rem parem aliquam ei, quæ nobis objicitur, reponimus; ut quantum nos urget adversarius, tantum videamur nos eum è diverso eo, quod referimus, urgere. *Quale est pro Cælio, cui cùm objecta esset luxuria major, quàm ut eam defendere auderet Cicero; apertior, quàm ut posset eam negare: molliit quidem aures quantum potuit Orator; et partim temporum magis ea vitia dixit, quàm hominis; partim contendit aliquid esse concedendum ætati.* Tum (*quod hujus loci proprium est*) *velut remedium invidiæ opposuit spem futuræ industriæ et probitatis in ætate ventura, ex actionibus laboribusque, quos Cælius jam suscipiebat, sustinebatque.*

In personam regerimus, cùm, dimissa re, ostendimus, qualiscumque sit, non convenire tamen adversarii personæ objicere eam, neque rectè hæc ab eo dici. Cujusmodi est pro Ligario, quòd Tubero, accusator Ligarii, in eadem causa fuerit, cujus Ligarium accusabat. Simile est in Sallustium: *Quasi verò tu sis ab illis viris, Sallusti, ortus,* Et paulò post: *Ecquid te tui piget, homo levissime, cùm ea culpas, quæ in historiis mihi gloriæ ducis?* Et iterùm: *Qui mihi ausus sit eloquentiam ut vitium objicere, cujus semper nocens eguisti patrocinio?*

Denique est confutatio, quam inversionem et absolutionem vocant, cùm edocemus argumenta, vel causam contra nos allatam, pro nobis facere. *Cicero de invent. lib. 2.* Cujus est elegans exemplum apud Cæsarem lib. 7.

Vercingetorix (inquit) cùm ad suos redisset proditionis insimulatus: *I. Quòd castra propius Romanos movisset. II. Quòd cum omni equitatu discessisset. III. Quòd sine imperio tantas copias reliquisset. IV. Quòd ejus discessu Romani tantâ opportunitate et celeritate venissent. Non hæc fortuitò aut sine consilio accidere potuisse. Regnum illum Galliæ malle Cæsaris concessu, quàm ipsorum habere beneficio.*

Tali modo accusatus ad hæc respondit: *I. Quòd castra movisset, factum inopiâ pabuli, etiam ipsis hortantibus, quòd propius Romanos accessisset persuasum loci opportunitate, qui seipsum munitione defenderet. II. Equitum operam neque in loco palustri desiderari debuisse, et illic fuisse utilem quo sint profecti. III. Summam imperii se consultò nulli discedentem tradidisse, ne is multitudinis studio ad dimicandum impelleretur. IV. Romani si casu intervenerint, fortunæ; si alicujus judicio vocati, huic habendam gratiam, quòd paucitatem eorum ex loco superiore cognoscere, et virtutem despicere potuerint.*

CAPUT QUARTUM.

De Peroratione.

STRENUI ac diligentis Oratoris est, nihil in ultima hac parte negligere, sed illam studiosiùs excolere; quod quæ tunc dicuntur mentibus auditorum adhærescant, et res plerumque ab exitu et fine probentur. *Aristot. Rhet. lib. 2. cap. 19.*

Deinde cum Peroratio à nonnullis motuum sedes dicatur, videanturque omnes affectus huc referri (nam aliæ quoque partes affectus recipiunt, sed breviores, ut ex his plurima sint reservanda) hic, si usquam, totos eloquentiæ fontes aperire licet, et omnes animorum motus adhibere. *Cicero de Orat. 2.* Hac in parte Cicero excelluit, et oratorum princeps fuit.

Quid est Peroratio? ℞. Artificiosus orationis exitus, sive est extrema pars orationis, in qua id, quod tota oratione expetebat Orator, majori vehementia evincere et obtinere contendit. *Quintil. lib. 6. cap. 1.*

Quot partibus constat Peroratio? ℞. Tribus: Enumeratione, Amplificatione, Affectu. *Cicero in partit.*

Quomodo fit Enumeratione? ℞. Cùm ea, quæ per totam orationem variè sunt sparsa, colligimus, et uno velut aspectu ponimus ob oculos per anacephalæosim, seù recapitulationem, quæ est rerum fusè dictarum brevis et sùmma, et artificiosa repetitio. Cicero pro Quinctio sigillatim omnia repetit, et ordine suo, quæ probaverat, subjicit cum ratione, n. 86. *Ostendi quàm multa, etc.* Et pro lege Manil. n. 49. *Quare cùm et bellum ita necessarium sit, ut negligi non possit; ita magnum, ut accuratissimè sit administrandum: et cùm ei Imperatorem præficere possitis, in quo sit eximia belli scientia, singularis virtus, clarissima authoritas, egregia fortitudo: dubitabitis, Quirites, quin hoc tantum bonum, quod à Diis immortalibus oblatum et datum est, in Rempubl. conservandam atque amplificandam conferatis.*

· Sæpè etiam optima est illa Enumeratio, quæ non simpliciter fit; sed figuratè vel per apostropham, vel prosopopæiam, interrogationem, præteritionem, etc.

Potestque Enumeratio præcedere amplificationem, vel subsequi, vel etiam ei permisceri.

Denique Enumeratione utendum, quando causâ, multis argumentis deductâ, memoriæ auditorum diffidimus, ac tum præcipua tantùm argumenta cum ornatu et varietate, servato ferè ordine confirmationis, repetimus.

Quomodo fit Amplificatione et Affectu ? ℞. Si ea, quæ de amplificatione et affectu diximus, accuratè observentur: præsertim hic valent apostrophæ, exclamationes, prosopopœiæ, commiserationes, nam his figuris, et maximis affectibus, amplificationibusque omnes Ciceronis perorationes sunt plenæ.

APPENDIX.

De Artificio componendæ Orationis.

QUOT rebus constat artificium componendæ Orationis ? ℞. Tribus: Exordio, Contentione, Peroratione; nam Narratio (ut diximus) non semper adhibetur, nisi in genere judiciali.

Quodnam est artificium Exordii ? ℞. Præmitti ab Oratore Exordium (quod postremo loco aliqui dicunt oportere fieri) ex visceribus causæ; continetque prima semina argumentationum, amplificationum, affectuum, qui reliquâ oratione tractantur. Sed de artificio Exordii satis alibi.

Quodnam est artificium Contentionis ? ℞ Primùm

sumenda est brevis et clara quæstio, seu propositio, vel in genere demonstrativo, vel deliberativo, vel judiciali. Deinde, seligenda è locis oratoriis duo triave argumenta præcipua, quibus et proposita quæstio niti, et in quæ, quasi in suas partes, oratio distribui possit.

Tum accedens argumentatio vel tripartita, vel quinquepartita, vel Enthymema, vel Inductio explicabit atque efferet argumenta. Singulas autem argumentationis partes cum amplificatione rerum ac verborum exornare, tum aptæ transitiones colligare debent. Postremò trahuntur affectus, vel Orator digreditur, aut confutat, re confirmatâ et amplificatâ.

Quodnam est artificium Perorationis ? ℞. Peroratio omnia per orationem sparsa vehementiùs colligit, ac primùm argumentationes strictim ac sapienti quadam confusione recenset, eas rursus amplificat, inchoatos affectus resumit, adauget, et ad summum perducit. Nonnunquam novo argumento, aut argumentatione, tamquam forti telo ad finem reservato, auditorem vincit.

Unde hoc Artificium componendæ orationis confirmari potest? ℞. Ex ipsis M. Tullii Ciceronis orationibus, qui primùm exorditur ab adjunctis, aut ab aliis visceribus causæ: Deinde proponit breviter, et clarè: Tum distribuit orationem in duo triave argumenta præcipua: hæc argumentationibus tractat. Ipsas argumentationum partes amplificat: trahitque affectus: perorat denique.

Atque harum quidem M. Tullii Ciceronis orationum artem, atque analysim in altero Tractatu dedimus. Qua re haud scio quid studiosæ juventuti sit utilius.

LIBER TERTIUS

DE

TERTIA PARTE RHETORICÆ

SEU DE ELOCUTIONE.

HÆC est propria Oratoris pars, à qua et Rhetor, et Eloquens, et maximè Orator Oratore præstantior dicitur. Sine Elocutione supervacua sunt inventio, ac dispositio; et similia gladio condito, atque intra vaginam hærenti. Ideò Cicero inventionem quidem ac dispositionem prudentis hominis putat, eloquentiam Oratoris. In hac igitur parte omne studium, et exercitatio, et imitatio, et ætas ponenda est. *Cicero de Orat. lib. 2. Quintil. lib. 8. in proœmio.*

Quid est Elocutio? ℞. Est idoneorum verborum, ac sententiarum ad res inventas et dispositas accommodatio, et diximus in Apparatu.

Quot sunt virtutes Elocutionis? ℞. Quatuor: Latinitas, Perspicuitas (de quibus vide Grammaticæ præcepta) Ornatus, et Suavitas. *Quintil. lib. 8, cap, 1. Cicero de Orat. 8.*

In quo situs est Ornatus Elocutionis ? ℟. In tropis et figuris.

In quo sita est Suavitas Elocutionis ? ℟. In oratorio numero, qui pedibus constat, et maximè in periodo, cujus partes sunt incisa, et membra.

CAPUT PRIMUM.

De Tropis in uno verbo.

QUID est Tropus ? ℟. Est verbi vel sermonis à propria significatione in aliam cum virtute mutatio. Ut cùm dicimus *lætas segetes*, verbum *lætus* à propria significatione, qua lætos homines dicimus, ad segetes cum virtute transfertur. *Quintil. lib.* 8, *cap.* 6.

Quotuplex est Tropus ? ℟. Duplex: alter in uno verbo, et alter in pluribus, seu in oratione.

Quot sunt Tropi in uno verbo ? ℟. Sex: Metaphora, Synecdoche, Metonymia, Antonomasia, Catachresis, Metalepsis.

Quid est Metaphora, latinè translatio ? ℟. Est cùm nomen, aut verbum, quod propriè rem aliquam significat, assumitur ad rem aliam similem significandam. Ut, *cùm nomen vulpes, quod propriè bestiam significat, assumitur ad significandum hominem fraudulentum, cum quo ipsa vulpes habet similitudinem.* Cicero de Orat. 2.

Quotuplici ex causa fit Metaphora ? ℟. Triplici.

I. Ob necessitatem, cùm proprium verbum deest rei significandæ: *Sic gemmare vites, luxuriam esse in herbis, hominem esse durum, aut asperum, ex necessi-*

tate dicitur, quia non est proprium his affectionibus nomen.

II. Ob majorem significandi vim: *nam incensum irâ, inflammatum cupiditate, errore lapsum significantius dicimus, quàm commotum, quàm cupidum, quàm errantem.*

III. Ob decentiam et ornatum: quo modo *lumen ingenii pro acuto, flumen eloquentiæ pro diserto Oratore dicimus.*

Quotuplex est vis Metaphoræ? ℟. Quadruplex.

I. Cùm verbum uni animato proprium alteri quoque animato tribuitur. Ut, *si dicas hominem latrare:* Livius enim Scipionem à Catone allatrari solitum refert.

II. Cùm verbum uni inanimato proprium alteri quoque inanimato tribuitur. Ut, *Concentu virtutum nihil suavius.*

III. Cùm verbum uni inanimato proprium alteri animato tribuitur. Ut, *Duo fulmina belli Scipiades.*

IV. Cùm verbum uni animato proprium alteri inanimato tribuitur. Ut, *Regina florum rosa. Accipiens sonitum saxi de vertice pastor.*

Quare delectantur homines Metaphora? ℟. Quia placet omnibus similitudo: Metaphora autem est similitudo ad unum verbum contracta. Tamen est hæc differentia inter Metaphoram, et similitudinem, quod in similitudine ponitur dictio, quæ vim habeat comparandi: dicimus enim, *Homo iratus est sicut leo.* In Metaphora autem, res, cum qua aliud comparatur, pro re ipsa ponitur: ut, *Homo iratus est leo.*

Quæ sunt vitia Metaphoræ? ℟.

I. Si nimia sit dissimilitudo: qualis est inter *fornicem et cœlum, quod sphæricum est*. Ne igitur usurpa illud Ennii; *Cœli ingentes fornices.*

II. Si a longe similitudo ducatur. Ut, *Charybdis bonorum, pro voragine.*

III. Si translatio sit humilis. Ut, *Saxeæ mundi verrucæ, pro rupibus*. Vel major quàm res postulat: ut, *Tempestas commessationis, pro tumultu*. Vel Minor: *Iracundiæ calor, pro ardore.*

IV. Si nimiùm frequens sit Metaphoræ usus.

V. Si, quæ ad Poëtas magis pertinent, in solutam orationem adducantur, hoc est, si nimiùm sit sublimis et audax Metaphora, v. g. cùm rebus inanimatis sensum et animos damus: qualis est illa Virgil. *Æn.* 5. *Pontem indignatus Araxes.* Aut Ciceronis pro Ligario: *Quid enim tuus ille, Tubero, districtus in acie Pharsalica gladius agebat? cujus latus ille mucro petebat? quis sensus erat armorum tuorum?* Sed hæ Metaphoræ molliri debent formulis, ut ita dicam, si fas est dicere: vel particulis, quasi, quodammodo.

Cæterùm nullus est Tropus florentior in singulis verbis, nec qui plus luminis adferat Orationi, quàm Metaphora.

Quid est Synecdoche? ℞. Est Tropus, in quo I. Sumitur pars pro toto. Ut, *Puppis pro navi, Mucro pro ense.* Author ad Heren.

II. Totum pro parte. Ut, *Fontemque ignemque ferebant.* Æn. II. pro aquam et carbones.

III. Unum pro pluribus. Ut, *Hostis habet muros, Romanus prælio victor.* Æn. I.

IV. Plures pro uno. Ut, *Populo imposuimus et oratores visi sumus;* cùm de se Cicero tantùm loqueretur. *Ad Brutum.*

V. Species pro genere. Ut, *Dentesque Sabellicus exacuit sus, pro quovis sue.*

VI. Genus pro specie. Ut, *Ales pro aquila, Interfector pro parricida.*

VII. Materia ex qua res facta est pro re ipsa. Ut, *Ferrum pro gladio, pinus pro navi, argentum pro patera.*

VIII. Antecedentia pro consequentibus. Ut, *Vixit, pro mortuus est. Fuimus Troes, pro periit Troia.*

Translatio, inquit Quintilianus *lib.* 8. *cap.* 6. ad movendos animos, et res penè sub oculos subjiciendas, reperta est; et Synecdoche ad locupletandum Sermonem pertinet.

Quid est Metonymia, seu Hypallage ? ℞. Est Tropus in quo.

I. Causæ pro effectis sumuntur, sive inventor, aut alicujus rei author pro re inventa. *Ad Herenn.* Ut, *Dona laboratæ Cereris, quæ frumenti inventrix est,* Æn. VIII.. *pro frumento in panem redacto.* Item, *Legi Platonem, pro ejus operibus.*

II. Effecta pro causis. Ut, *Scelus et sacrilegium deprehensum est, pro scelerato et sacrilego.*

III. Continens pro re contenta. *Sic benè moratæ urbes dicuntur. Sic sæculum felix.* Sic Roma pro Romanis, Athenæ pro Atheniensibus. Cic. de Orat. *Ut omittam illas omnium doctrinarum inventrices Athenas, in quibus summa dicendi vis et inventa est, et perfecta.*

IV. Possessor pro re possessa, ut dux pro exercitu. Virgil, Æn. II. *Jam proximus ardet Ucalegon, pro Ucalegontis domo.* Et, *Ab Annibale apud Cannas cæsa sexaginta millia dicimus, pro ab ejus copiis.*

V. Signum pro re signata. Ut, *Oliva pro pace, fasces usurpantur, pro magistratu.* Virgil. Georgic. II.

Non illum populi fasces, non purpura Regum flexit.

Quid est Antonomasia? ℟. Est Tropus, in quo pro vero nomine rei significatæ aliquid ponitur. Ut, *Eversor Carthaginis pro Scipione, Romanæ eloquentiæ princeps pro Cicerone,* Quintil. lib, 8. cap. 6.

Huc referri solet Epitheton. Differt Epitheton ab Antonomasia, quòd non sit tropus: nam non ponitur pro nomine proprio, sed nomini proprio apponitur. Ut, *Cùm dicitur Scipio eversor Carthaginis.*

Epitheton tum est egregium, I. cùm addit ad rem significatam: ut, *Scelus execrandum, vinum suavissimum.* II. Cùm est translatum, seu Metaphoricum: ut, *Cupiditas effrœnata, tristis senectus.*

Moderatus debet esse Epithetorum usus, ne, si parcus sit, oratio jaceat, sine appositis nuda, et velut incompta; si creber, abundet, et velut ornaretur multis, longa et impedita. Illis et frequentius et liberius Poëtæ utuntur.

Quid est Catachresis? ℟. Est abusio vocis: nempe quando vocabulo alieno perinde ac proprio utimur, vel necessitatis causa, vel de industria. Sic abutimur hac voce *parricida* quæ propriè patris interfectorem significat, pro eo qui matrem aut fratrem interfecit; quia Matricida et Fratricida non satis latinè dicitur. Sic

Poëta de industria etiam dixit: *Equum divina Palladis arte ædificant.* Et, *Equitare in arundine longa.*

Quid est Metalepsis, seu Transumptio? ℞. Est cùm per unum verbum gradatim ad aliquid intelligendum acceditur. Ut, cùm Poëtæ dicunt, *Post aliquot mea regna videns mirabor aristas,* id est post aliquot annos: nam ex aristis spicas et segetes, ex segetibus æstates, et ex æstatibus annos intelligimus.

Apud Oratores hic Tropus parcissimè usurpatur.

CAPUT SECUNDUM.

De Tropis in pluribus verbis, seu in Oratione.

QUOT sunt Tropi in pluribus verbis, seu in oratione? ℞. Tres: Allegoria, Hyperbole, Ironia.

Quid est Allegoria? ℞. Est plurium verborum continuata quædam Metaphora: quoties aliud verbis dicitur, aliud sensu intelligitur. Nam similitudo seu Metaphora fit uno tantùm verbo. *Ut navis pro Repub., Mars pro bello, fluctus pro seditionibus, portus pro pace.* Allegoria autem fit pluribus verbis. Ut Horat. lib. 1. Ode 14.

O Navis, referent in mare te novi
Fluctus: ò quid agis ? fortiter occupa
Portum, etc.

Ita Virgilius: *Claudite jam rivos, pueri, sat prata bibêre.*

Hoc est, desinite jam plura canere, quia satis audivimus.

Qua ratione Allegoria non fit obscura ? ℞. Si verbis propriis et apertis sit permixta. Ut, *Cœteras tempestates et procellas in illis dumtaxat fluctibus concionum semper Miloni putavi esse fugiendas:* ubi verbum illud proprium *concionum* rem aperit.

Quænam est præstantissima Allegoria ? ℞. Quæ similitudinis et translationis gratiâ permixta est. Ut, *Quod fretum, quem Euripum, tot motus, tamque varias habere creditis agitationes, commutationes, fluctus, quantas perturbationes et quantos æstus habet ratio comitiorum?* Hic vides comitia per similitudinem freto, et Euripo comparari, perturbationes de comitiorum strepitu ac negotiis translativè dici.

Quid in Allegoria maximè advertendum ? ℞. Ut quo genere cœperis translationis, eodem finias : unde malè diceretur, *Per hostes invidiæ incendio deflagravi, ac demum ejus fluctibus demersus sum*, pro, *ejus flammis absumptus.*

Quæ sunt species Allegoriæ ? ℞. Ænigma et Adagium.

Quid est Ænigma ? ℞. Est obscurior Allegoria, nimirum occulta et implexa rerum similitudine. Ut,

> *Est unus genitor, cujus sunt pignora bis sex :*
> *Bis quoque triginta natæ, sed dispare forma :*
> *Aspectu hinc niveo, nigris et vultibus inde :*
> *Sunt immortales omnes, moriuntur et omnes.*

De Anno, qui duodecim mensibus constat, quorum quilibet triginta diebus luce et nocte distinctis completur. Sed hæc Oratores non usurpant.

Quid est Adagium? ℟. Est dictum celebre, et scita quadam novitate insigne. *Ut Cribrum pertusum* pro *homine oblivioso: mali corvi malum ovum: id est, mali parentis malus filius.*

Quid est Hyperbole, latinè Superjectio? ℟. Est Tropus, in quo vel augendo, vel minuendo significamus id, quod non est absolutè verum:

Augendo quidem: ut, *Fulminis ocyor alis*, pro, celerrimus: minuendo verò: *Vix ossibus hæret*, pro, est admodum macilentus.

Debet tamen Hyperbole esse intra modum, aliquando etiam verbis mollienda. Ita Cicero post reditum in Senatu: *Omnes Metellos, præstantissimos cives, oratione Servilii penè ab Acheronte excitatos ait.* Cæterùm insignis est illa ejusdem Ciceronis in Antonium Hyperbole: *Quæ charybdis tam vorax, charybdin dico, quæ si fuit, fuit animal vivum, Oceanus medius fidius vix videtur tot res tam dissipatas, tam distantibus locis positas absorbere potuisse.* Ex quo patet Hyperbolem adhiberi, vel ut aliquid augeatur, vel minuatur, vel ad laudem, vel ad vituperium.

Quid est Ironia? ℟. Est Tropus, qui aliter illusio vocatur, et contrarium indicat iis verbis, ex quibus conflatur. Fit uno vel pluribus verbis. Fit uno per antiphrasim; ut, *Ulysses*, pro incauto, *Gigas* pro Nano, *Urbanus* pro rustico. Fit pluribus (hic est Tropus sermonis) vel simpliciter per contemptum: ut Cicero in Catil. *O bellum magnopere pertimescendum, etc.* Et in Anton. *Tu, homo sapiens et diserte, quid dicis?* Et, *O præclarum custodem ovium, ut aiunt, lupum?*

Vel per sarcasmum (quæ est irrisio amara et hostilis) ut pro Cælio: *Quid facerem vehementius, nisi mihi intercederent inimicitiæ cum istius mulieris viro, fratrem volui dicere: semper hic erro.* Vel per scomma (quod est tecta mordacitas) ut pro Roscio Amerin. n. 44. *Quæso, Eruci, ut hoc in bonam partem accipias: non enim exprobrandi causa, sed commonendi gratia dicam. Si tibi fortuna non dedit, ut patre certo nascerére, ex quo intelligere posses, qui animus patrius in liberos esset: at natura certè dedit ut humanitatis non parum haberes.* Vel per jocum facetum et urbanum. Quo modo ridetur Cæpasii oratio, pro Cluentio, n. 58. Item negotiatio Deciani, ejusque testimonium, pro Flacco, n. 70., Stoici Catonis asperitas ac doctrina, pro Muræna, n. 62.

CAPUT TERTIUM.

De Figuris verborum.

QUID est Figura? ℟. Est conformatio quædam verborum ac sententiarum à communi ratione loquendi remota, differtque Figura à Tropo, quòd Figura constare possit ex propriis verbis, Tropus verò non. *Quintil. lib. 9. cap. 1.*

Quotuplex est Figura? ℟. Duplex: altera verborum, et altera sententiarum.

Quot sunt Figuræ Verborum? ℟. Plures; fiuntque tribus præsertim modis. *Quintil. lib. 9. cap. 3.* I. Per adjectionem. II. Per detractionem. III. Per similitudinem. Octo Figuræ fiunt per adjectionem: Repetitio, Conversio, Complexio, Conduplicatio, Traductio, Synonimia, Polysindeton, Gradatio, Quatuor fiunt per detractionem: Dissolutio, Adjunctio, Synecdoche, Synæceosis. Octo fiunt per similitudinem vocum: Paronomasia seu Annominatio, Similiter cadens, Similiter desinens, Isocolon seu compar, Antitheton seu contra positum, Commutatio, Correctio, Dubitatio. *Ad Heren. lib.* 4.

Quid est Repetitio? ℞. Est Figura, in qua ab eodem verbo sæpiùs incipit Oratio. Ut I. Catil. *Nihil te nocturnum præsidium palatii, nihil urbis vigiliæ, nihil timor populi, nihil conseasus bonorum onmium, nihil hic munitissimus hobendi senatûs locus. nihil horum ora nultusque moverunt?*

Quid est Conversio? ℞. Est Figura repetitioni contraria, in qua sæpiùs eodem verbo finitur oratio. Cicero in Ant. Philipp. 2. *Doletis tres exercitus populi Rom. interfectos? interfecit Antonius. Desideratis clarissimos cives? eos quoque vobis eripuit Antonius. Auctoritas hujus ordinis afflicta est? afflixit Antonius.*

Quid est Complexio? ℞. Est Figura repetitione simul et conversione constans. Ut, *Qui sunt, qui fœdera ruperunt? Carthaginenses. Qui sunt, qui crudele bellum in Italia gesserunt? Carthaginenses. Qui sunt, qui Italiam deformaverunt? Carthaginenses. Qui sunt, qui sibi postulant ignosci? Carthaginenses.*

Hæc Figura, uti præcedentes duæ, habent vim urgendi, et motus concitandi; virtutem etiam, et vitium amplificandi, nam acriter et instanter fiunt.

Quid est Conduplicatio? ℞. Est Ejusdem verbi,

aut plurium, geminatio: vel initio orationis. Ut in Catil. *Vivis, et vivis non ad deponendam, sed ad confirmandam audaciam.* Vel in fine, Ut pro Marcello: *Vidimus tuam victoriam præliorum exitu terminatam, gladium vagina in urbe vacuum non vidimus.* Vel in medio. Ut Phil. II. *Etiam audes horum in conspectum venire, proditor patriæ? proditor, inquam, patriæ venire audes in horum conspectum?* Vel aliquo interjecto. Ut, *Bona (miserum me! consumptis enim lacrymis, tamen infixus animo hæret dolor) bona Cn. Pompeii acerbissimæ voci subjecta præconis.* Vel totam sententiam repetendo. Ut Verr. VII. *Quid Cleomenes facere potuit (non enim possunt quemquam insimulare falsò) quid, inquam, Cleomenes magnoperè facere potuit?*

Usurpatur Conduplicatio, vel ut oratio sit vehementior, vel ut sit suavior.

Quid est Traductio? ℞. Est ejusdem verbi casibus, aut generibus, aut modis, aut temporibus paululum immutatis repetitio. Ut pro Archia poet. *Pleni sunt omnes libri, plenæ sapientium voces, plena exemplorum vetustas.*

Quid est Synonimia? ℞. Est coacervatio multorum verborum idem significantium. Cicero Catil. VII. *Quæ cùm ita sint, Catilina, perge, quò cœpisti, patent portæ, proficiscere.* Et alio loco: *Abiit, excessit, evasit, erupit.*

Hæc Figura habet gravitatem, et acrimoniam. Cavendum tamen ne verbis et sensibus idem prorsus significantibus temerè et pueriliter fiat.

Quid est Polysindeton? ℞. Est Figura conjunctionibus abundans. Ut, *Justitia, et fortitudine, et temperantia, et prudentia, et religione, et cæterarum virtutum laude floruit.*

Quid est Gradatio, seu Climax? ℞. Est Figura, quæ non priùs ad consequens verbum descendit, quàm aliquod præcedens repetat, et per illud, quasi per gradum, procedat. Ut pro Rosc. Amer. *In urbe luxuries creatur, ex luxuria existat avaritia necesse est, ex avaritia erumpat audacia, inde omnia scelera ac maleficia gignuntur.*

Hæc Figura apertiorem habet artem, magis et affectatam; ideoque esse rarior debet: usurpatur tamen ad venustatem, et ad vim addendam orationi.

Quid est Dissolutio? . Est Figura, qua demptis conjunctionibus dissolutè plura dicuntur. *Quintil. lib. 9, cap. 3.: de Orat. 2. Ad Herenn.* Ut, *Sit in ejus tutela Gallia, cujus virtuti, fidei, felicitati commendata est.* Et pro Arch. poëta: *Hæc studia adolescentiam alunt, senectutem oblectant, secundas res ornant, adversis perfugium præbent, delectant domi, non impediunt foris, pernoctant nobiscum, peregrinantur, rusticantur.*

Apta est, ut vides, hæc Figura, non in singulis modò verbis, sed sententiis etiam; habetque, uti Polysindeton, acrimoniam et vim velut sæpiùs erumpentis affectus.

Quid est Adjunctio? ℞. Est Figura, qua unum ad verbum, quod primum aut postremum collocatur, plures sententiæ, referuntur, quarum unaquæque desideraret illud, si sola poneretur. Ut, *Vicit pudorem libido, timorem audacia, rationem amentia.* Item: *Nec enim is es, Catilina, ut te aut pudor unquam à turpitudine, aut metus à periculo, aut ratio à furore avocárit.*

Huc referri solet Disjunctio: non quòd fiat per detractionem, sed quia est Figura adjectioni opposita, quâ singulis brevibus sententiis singula subjiciuntur verba, cùm unum omnibus sufficere posset. Ut, pro Archia: *Me autem quid pudeat, judices, qui tot annos ita vivo, ut à studiis nullo me unquam tempore aut commodum, aut otium abstraxerit, aut voluptas avocárit, aut denique somnus retardárit. Homerûm Colophonii civem esse dicunt suum, Chii suum vindicant, Salaminii repetunt, Smyrnæi verò esse suum confirmant.*

Quid est Synecdoche, in quantum Figura est? ℞. Est reticentia unius verbi, quod ex aliis facilè intelligitur. Ut, *Vix è domo discesserat, mœrere servi, lugere filii, conjux misera lamentari* (facile subintelligitur cœpit, vel cœperunt.) Item: *Sermo nullus, nisi de te,* supple, factus est.

Quid est Synæceosis? ℞. Est Figura, quæ duas diversas conjungit unico verbo, subaudito eodem, vel æquivalente in ea parte, in qua non ponitur. Ut, *Tam deest avaro quod habet, quàm quod non habet;* supple, illi deest.

Quid est Paronomasia, seu Annominatio? ℞. Est Fígura, qua paululum immutata verba atque deflexa in oratione ponuntur. Sive Paronomasia est, cùm vox alia penè similis dissimili sensu subjungitur, et mutatione litteræ quæritur venustas, quæ delectet, aut pungat.

Hæc Figura levis alioqui, sententiarum pondere implenda est. Fit quatuor modis:

I. Adjectione litterarum, aut syllabarum. Ut, *In calamitosa fama, quasi in perniciosa flamma, emit morte immortalitatem.*

II. Earum detractione. Ut, *Amore fecit, non more. Non exigo ut immoriaris legationi, sed immorare.*

III. Earumdem commutatione in compositis. Ut, *Oportet juvenilem impetum reprimi, non opprimi. Ut abs te non emissus ex urbe, sed immissus in urbem esse videatur.*

IV. Translatione, seu inversione unius litteræ vel in primis syllabis, vel in mediis, vel in extremis. Ut, *Parvo est animo, ne dicam pravo. Oportet deligere quem velis diligere. Ex aratore Orator factus est.*

Quid est Similiter Cadens? ℟. Est Figura, qua in eosdem casus nomina, et in eadem tempora cadunt verba; seu initio, seu in fine, aut medio. Ut, pro lege Manil. *Ac primum quanta innocentia debent esse Imperatores? quanta deinde omnibus in rebus temperantia? quanto ingenio? quanta humanitate?* Et pro Archia poëta. *Hunc ego non diligam? non admirer? non omni ratione defendendum putem?*

Quid est Similiter Desinens? ℟. Est Figura, in qua exitus sono sunt similes. Ut Cicero in Verrem: *cum fama spoliárit, cum tot homines innocentes morte, cruciatu, cruce affecerit, cum prædonum duces acceptá pecuniá dimiserit.* Et pro lege Manil. *Ut ejus semper voluntatibus non modò cives assenserint, socii obtemperárint, hostes obedierint, sed etiam venti tempestatesque obsecundárint.*

Quid est Compar, seu Isocolon? ℞. Est Figura, qua orationis membra constant ferè pari numero syllabarum. Ut pro lege Manil. *Tantum bellum, tam diuturnum, tam longè latèque dispersum Cn. Pompeius extrema hyeme apparavit, ineunte vere suscepit, media æstate confecit.*

Quid est Antitheton, seu Contrapositum? ℞. Est Figura, qua vel singula singulis opponuntur. Ut, *Vicit pudorem libido, timorem audacia, rationem amentia. Cedam inermis armatis, innocens nocentibus, privatus furibundo magistratui.* Vel bina binis opponuntur. Ut, *Non nostri ingenii, vestri auxilii est. Est hæc non scripta, sed nata lex.* Vel multa multis opponuntur. Ut, *Quam non didicimus, accepimus, legimus; verùm ex natura ipsa arripuimus, hausimus, expressimus.*

Hæc Figura delectat, sed sine affectatione, ut, cùm in acres incidit sensus, innata videatur esse, non accersita.

Quid est Commutatio? ℞. Est Figura, qua duæ sententiæ inter se discrepantes ita afferuntur, ut à priore posterior contraria priori proficiscatur. Ut, *Non ut edam vivo, sed ut vivam edo.* Item: *Ut et sine invidia culpa plectatur, et sine culpa invidia ponatur. Vivit Christianus ut aliquando moriturus, moritur, ut semper victurus.*

De Correctione et Dubitatione agemus in sequenti capite.

CAPUT QUARTUM.

De Figuris Sententiarum.

HIC maximè Elocutio sita est. Igitur hæ figuræ accuratioribus exemplis illustrandæ sunt, quarum formâ mentes ádolescentum imbuantur. *Quintil. lib.* 9, *cap.* 1.

Quot sunt Figuræ Sententiarum? ℞. Viginti quinque: Interrogatio, Responsio, Subjectio, Occupatio, Correctio, Dubitatio, Communicatio, Prosopopæia, Apostrophe, Hypotyposis, Aposiopesis, Ethopœia, Emphasis, Sustentatio, Prætermissio, Licentia, Concessio, Interruptio, Ironia, Distributio, Permissio, Deprecatio, Execratio, Epiphonema, Exclamatio. Harum, ut videbimus, Figurarum aliæ docent, aliæ delectant, aliæ flectunt. Docent præsertim Occupatio, Subjectio, Communicatio, Concessio, Sustentatio, Correctio, Prætermissio, Distributio. Delectant Ethopæia, Hypotyposis, Prosopopæia, Apostrophe. Movent Exclamatio, Deprecatio, Execratio, Licentia, Dubitatio, Interrogatio, Ironia, Emphasis, Epiphonema.

Quid est Interrogatio? ℞. Est Figura, quæ rem dubiam non quærit, sed in laudationibus ac vituperiis, aliisque motibus exprimendis adhibetur. *Quintil. lib.* 9, *cap.* 2.

Fit decem modis :

I. Instando. Ut: *Quousque tandem abutêre, Catilina, patientiâ nostrâ? patêre tua consilia non sentis?* et totus denique hic locus. Quantò enim magis ardet, quàm si diceretur, diu abuteris patientia nostra patent tua consilia.

II. Interrogando de eo, quod negari non potest. Ut: *An dices, hominem non esse à te interemptum, quem palam, et in ipsa civitatis luce occidisti?*

III. Quærendo de eo, cui respondere sit difficile.

Ut, *Centumne pedites propè inermes mille cataphractis militibus obstitissent? quo tandem modo? qua spe utilitatis? qua ratione prudentiæ?*

IV. Jocando et deridendo. Ut pro Roscio Amer. n. 54. *Quid ergo affers, quare id factum putemus! verè nihil potes dicere. Finge aliquid saltem commodè, ut non planè videaris id facere, quod apertè facis, hujus miseri fortunis, et horum virorum talium dignitati illudere. Exhæredare filium voluit, quam ob causam? nescio. Exhæredavitne? non. Quis prohibuit? cogitabat. Cogitabat? cui dixit? nemini.*

V. Invidiam alicui accersendo. Ut pro Sextio, n. 17. *Quid dicam, Consules? hoccine ut ego appellem nomine eversores hujus imperii? proditores vestræ dignitatis? hostes bonorum omnium? qui ad delendum Senatum, affligendum Equestrem ordinem, extinguenda omnia jura, atque instituta majorum, se illis fascibus, cæterisque insignibus summi honoris atque imperii ornatos esse arbitrabantur.*

VI. Miserationem excitando. Ut Sinon apud Virgilium Æneid. II. *Heu quæ nunc tellus, inquit, quæ me æquora possunt accipere.*

VII. Admirationem movendo. Ut, idem Virgilius Æneid. III. *Quid non mortalia pectora cogis auri sacra fames!*

VIII. Indignationem concitando. Ut, *Jacet auctoritas mea perfidiá artibus ac dolis afflicta, et me quispiam modò ut ducem vereretur ac principem?* Sic rursus apud Virgilium Æneid. I. *Et quisquam numen Junonis adoret præterea.*

IX. Acrius imperando, Ut iterum Æneid. IV. *Non arma expedient, totaque ex urbe sequentur.*

X. Seipsum alloquendo. Æneid. XII. *Quid agam, aut quæ jam satis ima dehiscat terra mihi.*

Ex quibus vides acerrimam esse hanc Figuram, et summis Oratoribus familiarem.

Quid est Responsio? ℞. Est Figura, qua unum interroganti aliud, quod utilius est, respondetur, vel ad rem augendam. Ut, *Rogatus testis, an ab reo vapulasset? et innocens, inquit.* Vel ad rem minuendam. Ut, *An hominem occidit? latronem et parricidam.* Quintil. ibid.

Quid est Subjectio? ℞. Est Figura, qua Orator vel interrogat seipsum, et respondet sibi, vel cùm alium interrogavit, non expectat ejus responsum, sed aliquid de suo addit. *Quintil. lib. 9. cap. 2.* ut, *Domus tibi decrat! at habebas. Pecunia superabat! at egebas.*

Adverte perfectam illam esse Subjectionem, quæ tribus constat: Propositione, Enumeratione seu Remotione, Conclusione; ut pro Roscio Amerin. n. 41. *Rursum igitur eodem revertamur, et quæramus quæ tanta vitia fuerint in unico filio, quare is patri displiceret. At perspicuum est nullum fuisse. Pater igitur amens, qui odisset eum sine causa, quem procreârat? At is quidem fuit omnium constantissimus. Ergo il-*

lud jam perspicuum est, si neque amens pater, neque perditus filius fuerit; neque odii causam Patri, neque sceleris filio fuisse.

Hæc Figura plena est exornationis, usurpaturque ad amplificationem vel in laude, vel in vituperio, aut cùm aliquid urgemus, suademus, aut dissuademus: denique cum docemus, aut refellimus.

Quid est Occupatio, seu Prolepsis? ℞. Est Figura, qua id occupat Orator, quod ab adversario potest objici. Ut *VII.* Verr. n. 2. *Quid agam, judices, quò accusationis meæ rationem conferam; quò me vertam; ad omnes enim meos impetus, quasi murus quidem boni nomen Imperatoris opponitur: video ubi se jactaturus sit Hortensius: belli pericula, tempora reip. imperatorum penuriam commemorabit: tum deprecabitur à vobis, tum etiam pro suo jure contendet, ne patiamini talem imperatorem Siculorum testimoniis populo Rom. eripi, neve obteri laudem imperatoriam criminibus avaritiæ velitis.*

Hæc Figura non tantùm in refutationibus et probationibus usurpatur, sed etiam in exordiis, ut pro Rosc. Amer. *Credo ego vos, judices, mirari, etc.* Et Divinat. in Verrem. *Si quis vestrûm, aut eorum, qui adsunt, fortè miratur, etc.*

Præterea sunt, inquit Quintilianus, diversæ species occupationis. Est enim quædam præmunitio, qualis Ciceronis contra Qu. Cæcilium, quod ad accusandum descendat, qui semper defenderit. Quædam confessio, ut, pro Rabirio Posthuma, quem sua sententia reprehendendum fatetur, quòd pecuniam regi crediderit.

Quædam prædictio: ut, Dicam enim non augendi criminis gratia. Quædam emendatio: ut, Rogo ignoscatis mihi, si longius sum evectus. Frequentissima præparatio, cùm pluribus vel quare facturi quid sumus, vel quare fecerimus, dici solet. Item præsumptio: ut, Quamquam illa non pœna, sed prohibitio sceleris fuit. Reprehensio: ut, Cives, cives, inquam, si hoc eos appellari nomine fas est.

Quid est Correctio ? ℟. Est Figura, quæ dictam sententiam alia magis idonea corrigit. Ut pro Dejot, n. 16. *At, credo, hæc homo inconsultus et temerarius, non videbat. Quis consideratior illo? quis tectior? quis prudentior? quamquam hoc loco Dejotarum non tam ingenio, et prudentiâ, quàm fide et religione vitæ defendendum puto.*

Alia est correctio verborum, quæ tollit verbum, quod dictum est, et pro eo magis idoneum reponit; ut, *Ego semper omni officio, ac potiùs pietate patrem colui,* vel sed *stuporem hominis, ne dicam pecudis, attendite. In hac vita quos sumptus quotidianos! quas effusiones fieri putatis? quæ verò convivia? honesta credo in ejusmodi domo, si domus hæc habenda est, potiùs quàm officina nequitiæ, et diversorium flagitiorum omnium.*

Quid est Dubitatio? ℟. Est Figura, in qua Orator quærit, quid potissimum ex pluribus agere debeat, et singula quodammodo refellit. Ut, *Quid agam, judices? si taceo, existimabitis me reum: si loquor, mendacem esse putabitis.*

Hæc Figura usurpatur, cùm, ut res exaggeretur, suspensus auditorum animos teneri debet.

LIBER III.

Quid est Communicatio? ℞. Est Figura, qua vel auditores, vel adversarios, vel judices ipsos consulimus. Ut II. in Verr. n. 32. *Nunc ego, judices, jam vos consulo, quid mihi faciendum putetis: id enim consilii mihi profectò taciti dabitis, quod egomet mihi necessariò capiendum intelligo.*

Valet Communicatio, cum causæ nostræ confidimus, et adversarium refellimus.

Quid est Prosopopæia? ℞. Est loquentis personæ fictæ inductio; hocque genus locutionis mortuis quasi sursum evocatis, et urbibus, formis etiam fictis, ut virtuti, et voluptati, tribui potest. *Quintil. lib. 9. cap. 2.*

Hæc Figura non vulgarem eloquentiæ vim habet ad suadendum, objurgandum, laudandum, et miserandum. Cicero Milonem cum patria et secum loquentem inducit ad commiserationem, n. 94. *Me quidem, judices, exanimant et interimunt hæ voces Milonis, quas audio assiduè, et quibus intersum quotidie: valeant, inquit, valeant cives mei, sint incolumes, sint florentes, sint beati: sit hæc urbs præclara, etc.*

Venustè idem Cicero patriam conquerentem facit I. Catil. n. 18. *Quæ tecum, Catilina, sic agit, et quodammodo tacita loquitur. Nullum jam tot annos facinus extitit, nisi per te, nullum flagitium sine te; tibi uni multorum civium neces, tibi veratio direptioque sociorum impunita fuit ac libera: tu, etc.* Postea, eamdem secum colloquentem inducit, n. 27. *Etenim si mecum patria, quæ mihi vitâ meâ multò est carior, si cuncta Italia, si omnis respubl. loqueretur: M. Tulli, quid agis; tune eum, quem hostem esse comperisti, quem, etc.*

Huc refertur.

I. Deliberatio, cum quis se consulit quid agendum sit, ut eleganter Cic. Verr. VII., n. 103. *Occurrebat illa ratio: quid Cleomeni fiet? poterone animadvertere in eos, quos dicto audientes esse jussi? missum facere eum, cui imperium, potestatemque permisi? poterone eos afficere supplicio, qui Cleomenem secuti sunt? ignoscere Cleomeni, qui secum fugere et se consequi jussit? Pereat Cleomenes unà. Ubi fides? ubi execrationes? ubi dextra, complexusque? Fieri nullo modo poterat, quin Cleomeni parceretur. Cleomenem vocat,* etc.

II. Sermocinatio, cum apta cuique personæ affingitur oratio. Ut, si de puero loquentes pueri sermonem effingamus: item si senem, mulierem, servum, regem loquentem faciamus. Quod in rerum gestarum narratione, in historia, poëmate, dum singula exprimere volumus, fieri consuevit. Vide passim exempla apud Poëtas, præsertim Virgilium, Senecam, Terentium, Plautum, apud Historicos, etc.

III. Dialogismus, seu personarum collocutio (non interrupta scilicet, qualis est dialogus) frequens apud Ciceronem. Insigniter eadem Verr. VII. n. 109. *Alter parens erat domi suæ clarus et nobilis, qui quia Cleomenem in defendendo filio læserat, nudus penè est destitutus. Quid erat autem, quod quisquam diceret, aut defenderet? Cleomenem nominare non licet. At causa cogit. Moriére, si appellaris: nunquam enim iste est cuiquam mediocriter minatus. At remiges non erant. Prætorem tu accusas? frange cervicem.*

Quid est Apostrophe? ℞. Est conversio orationis ad aliquem, aut Deum, aut hominem, aut verò etiam ad res inanimatas, quas uti personas quasdam compellamus. *Quintil. lib. 9. cap. 2.* Gravis est et vehemens Figura ad invadendum adversarium, ad vituperationes, laudes, commiserationes, cohortationes, admirationes, indignationes. Cicero pro domo sua, n. 104. *O Dii immortales! (vos enim hæc audire cupio) P. Clodius vestra sacra curat? vestrum numen horret? res omnes humanas religione vestra contineri putat.* Vide insignem ad Deos Apostrophen, quos læsit Verres, ultima Verr. in peroratione.

Quid est Hypotiposis? ℞. Est rerum gestarum talis expressio, ut adhuc geri et ante oculos esse videantur.

I. Usurpatur ad motus concitandos, ut Philip. XI. n. 67. *Ponite vobis ante oculos miseram quidem illam et flebilem speciem, sed ad incitandos animos vestros necessariam: nocturnum impetum in urbem Asiæ clarissimam, irruptionem armatorum in Trebonii domum, cùm miser ille prius latronum gladios videret, quàm quæ res esset cognovisset, etc.*

II. In narrationibus, ut Verrin. VII. n. 105. *Hæc posteaquam acta et constituta sunt, procedit iste repentè de prætorio inflammatus scelere, furore, crudelitate, in forum venit; navarchos vocari jubet, qui nihil metuerent, suspicarentur nihil: statim accurrunt. Ille hominibus miseris innocentibusque injici catenas imperat. Implorare illi fidem populi Rom. et quare id faceret, rogare. Tunc iste hoc causæ dicit, quòd classem prædonibus prodidissent. Fit clamor et admiratio populi, tantam esse in homine impudentiam, etc.*

III. In notandis personarum gestibus, ut item pro Rosc. Amerin. n. 60. *Erucius peroravit aliquando: assedit: surrexi ego: respirare visus est, quod non alius potius diceret: cœpi dicere. Usque eò animadverti, judices, eum jocari, atque alias res agere, antequam Chrysogonum nominavi: quem simul atque attigi; statim homo se erexit; mirari visus est; intellexi, quid eum pupugisset. Iterum ac tertiò nominavi, etc.*

Huc referri potest Figura, quæ res etiam futuras et gerendas sub aspectum ponit. Mirè tractat hæc Cicero pro Milone, n. 33. quæ facturus fuisset Clodius, si præturam invasisset. *An verè vos, judices, soli ignoratis? vos hospites in hac urbe versamini, etc.*

Hæc translatio temporum erit verecundior, si hujusmodi formulas dicendi præmittamus: *Credite vos intueri, hæc quæ non vidistis oculis, animis cernere potestis.* Ita Cicero IV. Catil. n. 11. *Videor mihi hanc urbem videre, lucem orbis terrarum, atque arcem omnium gentium, subito uno incendio concidentem: cerno animo sepultam patriam, miseros atque insepultos acervos civium: versatur mihi ante oculos aspectus Cethegi et furor in vestra cæde bacchantis.*

Quid est Ethopœia? ℞. Est imitatio vitæ ac morum alienorum. Valetque hæc Figura ad motus præsertim odii concitandos. *Quint. lib. 9. c. 2. Auct. ad Heren.* Ita Cic. Rullum truculentiùs se gerentem describit. Agrar. II. n. 22. *Jam designatus Consul alio vultu, alio vocis sono, alio incessu esse meditabatur, vestitu obsoletiore, corpore inculto ac horrido, capillatior quàm antè, barbaque majore, et oculis et aspectu denunciare vim tribunitiam, et minitari Reipubl. videretur.*

Quid est Aposiopesis, quam Cicero reticentiam, nonnulli interruptionem vocant? ℞. Est Figura qua sermonem abrumpendo sententiæ partem supprimimus, ut affectum significemus, vel iræ ut apud Virgil. lib. 1. Æneid. *Quos ego, sed motos præstat componere fluctus.* Vel audaciæ, ut Æneid. IX. *Ecquis erit mecum, ô juvenes, qui primus in hostem?* Vel pudoris, ut Ecloga III. *Parciùs ista viris tamen objicienda memento: Novimus et qui te, transversa tuentibus hircis, Et quo, sed faciles nymphæ risere, sacello.* Vel modestæ ambitionis, ut V. Æneid. *Non jam prima peto Mnestheus: neque vincere certo, (quamquam ô!) sed superent, quibus hæc, Neptune, dedisti. Extremos pudeat rediisse, etc.* Vel commotionis gravioris, aut minarum, ut Cic. Epist. ad Attic. *Est hic quidem timoris causa, illa verò, etc. sed stomachari desinamus.*

Denique etiam gravitatis causa: nam graviora putantur, quæ latent, aut reticentur.

Quid est Emphasis? ℞. Est cum ex aliquo dicto latens aliquid eruitur. *Auctor ad Heren.* Vel ut Cicero definit: Est Figura, qua plus significat Orator, quàm dicat, Ut, *Venit lectica Mathonis, plena ipso:* Intelligitur enim Mathonem crassissimum fuisse, qui lecticam impleret. Et Virgil. de Cyclope: *Jacuitque per antrum immensum.* Ubi prodigiosam illam corporis magnitudinem à loci spatio intelligimus.

Quid est Sustentaţio? ℞. Est Figura, qua diu suspenduntur auditorum animi, atque aliquid deinde inexpectatum subjungitur. *Quintil. lib. 9. cap. 2.* Ut Verr. VII. *Ergo ejus jussu homines comprehensi.*

Quid deinde? quid censetis? furtum fortasse, aut prædam expectatis aliquam. (Tum multis interjectis.) *Etiamnum mihi expectare videmini, judices: expectate facinus quam vultis improbum; vincam tamen expectationem omnium.* Tandem cum diu suspendisset animos, subjecit, quod multò improbius est. *Illi nomine sceleri conjurationis damnati, ad supplicium traducti, ad palum alligati, repentè, multis millibus hominum inspectantibus occisi sunt.* Idem: *Archipiratam hunc optimæ, tutissimæque custodiæ non audet committere, denique Syracusas totas timet: amandat hominem, quò! Lilybeum fortasse? video: tamen homines maritimos non planè reformidat. Minimè, judices? Panormum igitur? audio, quamquam Syracusis, quoniam in Syracusano captus erat, maximè, si minus supplicio affici, at custodiri oportebat? ne Panormum quidem. Quid igitur? quò putatis? ad homines à piratarum metu et suspicione alienos, etc.*

Elegans est hæc Sustentatio, cum dubitationem adjunctam habet, usurpaturque præcipuè in narrationibus ad rem exaggerandam, et pro attentione.

Quid est Præteritio, seu prætermissio? ℞. Est Figura, quà dicimus nos præterire, aut nolle dicere, quod maximè dicimus. *Author ad Heren.* Cicero 1. in Rullum. n. 21. *Non queror diminutionem vectigalium, non flagitium hujus jacturæ atque damni: prætermitto illa, quæ nemo est, quin verissimè et gravissimè conqueri possit: non dico,* etc. *prætermitto hanc omnem orationem, et concioni reservo, de periculo salutis ac libertate loquor.* Et pro lege Manil. *Sinite me hoc loco* (*sicut Poëtæ solent*) *præterire nostram calamitatem, quæ tanta fuit, ut eam ad aures Luculli non ex prælio nuncius, sed ex sermone rumor afferret.*

Usurpatur hæc Figura: I. in transitionibus: II. in exaggerandis rebus: III. in objurgationibus: Denique cum aliquid, quod dicimus indecorum est: ut sæpè apud Ciceronem, Philipp. II. n. 47. *Sed jam stupra et flagitia omittam. Sunt quædam, quæ honestè non possum dicere: tu autem eò liberior, quod ea in te admisisti quæ à verecundo inimico audire non posses.*

Quid est Licentia? ℞. Est orationis libertas, atque fiducia liberiùs affectum mentis exprimens. *Quintil. lib. 9. cap. 2.*

Usurpatur I. cum apud eos, quos vereri aut metuere debet Orator, tamen aliquid pro suo jure dicit, quod eos minimè offendat. Ut pro Ligar. *Vide quàm non reformidem, vide quanta lux libertatis et sapientiæ tuæ mihi apud te dicendi oboriatur: quantum potero voce contendam, ut hoc populus Rom. exaudiat. Suscepto bello, Cæsar, gesto etiam magna ex parte, nulla vi coactus, judicio meo ac voluntate ad ea arma profectus sum, quæ erant suscepta contra te.*

II. Valet ad comminandum. Ut pro Sylla, n. 47. *Fero ego te, Torquate, et jamdudum fero,* etc.

III. Valet ad fiduciam ostendendam. Ut I. in Rullum, n. 23. *Errastis, Rulle, vehementer et tu et nonnulli collegæ tui, qui sperastis vos contra consulem veritate, non ostentatione popularem, posse in evertenda Republ. populares existimari. Lacesso vos; in concionem voco; populo Rom. disceptatore uti volo.*

IV. Valet ad insultandum adversario. Ut pro domo sua, n. 99. *Quare (disrumpatur licet ista furia atque audiat hæc ex me, quoniam lacessivit) bis servavi, ut consul, togatus armatos vicerim: privatus, consulibus armatis cesserim.*

V. Valet ad commovendum. Ut Philippica X. n 19. *Postremo (erumpat enim aliquando vera et me digna vox) si veteranorum nutu mentes hujus ordinis gubernantur, omniaque ad eorum voluntatem dicta factaque nostra referuntur, optanda mors est, quæ civibus Rom. semper fuit servitute potior.*

VI. Valet ad adulandum. Ut pro Marcello, n. 26. *Itaque illam tuam præclarissimam et sapientissimam vocem invitus audivi: satis diu vel naturæ vixi, vel gloriæ. Satis, si ita vis, naturæ fortasse: addo etiam, si placet, gloriæ: at, quod maximum est, Patriæ certè parum.*

Quid est Concessio? R. Est Figura, quâ videmur etiam aliquid iniquum vel pati, vel adversario concedere, fiduciæ causâ. *Quintil. lib. 9. cap. 2. ut, Verres sit fur, sit adulter, sit sacrilegus: at bonus est imperator, et felix, et ad dubia reipubl. tempora reservandus.*

Hæc Figura non parum habet jucunditatis cum ironiæ juncta est. Ut Verr. V. *Noli isto modo agere cum Verre, noli ejus facta ad antiquam religionis rationem exquirere: concede ut impunè emerit, modò bona ratione emerit, nihil ab invito, nihil per injuriam. Sic agam, etc.* Vel cum aliquid imminuit Orator, ut quæ dicturus est graviora videantur: ut eadem Ver. *Levia sunt in hoc reo crimina: metum virgarum, etc.*

Acris est hæc ironica concessio in Anton. *Sed sit beneficium, quòd me non occideris, quando accipi majus à latrone non potuit.*

Interdum concessio fit quasi per dissimulationem, et est artificiosa quædam probatio, ut, *Perfrica frontem, et dic te digniorem, qui prætor fieres, quam Catonem.* Terent. *Tibi si istuc placet, profundat, perdat, pereat, nihil ad me attinet.* Virgilius de Didone ad Æneam 1.

Sequere Italiam ventis, pete regna per undas.

Cæterum concessio frequenter exprimitur particulis, *Esto, Sit ita, fac, etc.*

Quid est Parenthesis, seu interruptio ? ℞. Est brevis declinatio à proposito: *Quintil. lib. 9. cap. 2.* nam longior illa digressio, de qua lib. 1. egimus, non est Figura. Virgilius:

Varre, tuum nomen superet modò Mantua nobis:
(Mantua væ miseræ nimiùm vicina Cremonæ.)
Cantantes sublime ferent ad sydera cygni.

Cicero *Videte, Judices, qualem (nolo enim graviore appellatione uti) accusatorem in medium adduxerit.* Adhibetur Parenthesis ad rem magis explicandam, et rationem breviter subjiciendam.

Quid est Ironia? ℞. Est fictio totius voluntatis, quâ sentitur aliud et innuitur, quàm dicitur. *Quintil. lib. 9. cap. 2.* Ut pro Ligar. *Novum crimen, C. Cæsar, et ante hunc diem inauditum!* etc. seriò loqui videtur, ubi Tuberonem deridet. Sic exordium VII. Verr. ironicum est, præsertim, n. 8. *Non possum dissimulare, Judices: timeo, ne C. Verres propter hanc virtutem eximiam in re militari, omnia, quæ fecit, impunè fece-*

rit: venit enim mihi in mentem, etc. n. 25. *Habetis hominis consilia, diligentiam, vigilantiam, custodiam, defensionemque provinciæ. Summa illuc pertinet, ut sciatis, quoniam plura genera sunt imperatorum, ex quo genere iste sit. Ne diutiùs in tanta penuria virorum fortium talem imperatorem ignorare possitis: non ad Q. Maximi sapientiam, neque ad illius superioris Africani in re gerenda celeritatem, neque ad hujus, qui postea fuit singulare consilium, neque ad Pauli rationem ac disciplinam, neque ad C. Marii vim atque virtutem, sed ad aliud genus imperatorum referendum, saneque diligenter retinendum et conservandum, quæso, cognoscite.* In hac Oratione passim, et in toto Cicerone sunt Ironiæ et joci : videtur enim ad ejusmodi esse Cicero, ut ait Quintilianus, affectatior.

Hæc Figura differt ab Ironia, quæ Tropus est, quòd Tropus brevior sit et apertior.

Quid est Permissio ? ℞. Est Figura Concessioni affinis, cum vel nobis, vel judicibus, vel auditoribus confidimus, nec quidquam mali vereri nos ostendimus. *Quintil. lib. 9. cap. 2*, ut, *Sed ego jam, judices, summum ac legitimum causæ meæ jus omitto, vobis quod æquissimum videatur, ut constituatis, permitto: non enim vereor, quin etiamsi si novum vobis sit instituendum, libenter id, quod postulo, propter utilitatem communis consuetudinis sequamini.*

Quid est Distributio ? ℞. Est Figura quâ aliquid in plures partes distribuitur, quarum unicuique ratio deinde sua subjungitur. *Quintil. Auctor ad Heren. ut, Alexandro Macedoni neque in deliberando consilium, neque in præliando virtus, neque in beneficio benignitas deerat: nam cùm aliqua res dubia accidisset, apparebat sapientissimus; cùm autem confligendum esset cum hostibus fortissimus; cùm verò præmium dignis tribuendum, liberalissimus.*

Hæc Figura valet in amplificationibus: ita Cæsaris clementiam exornat Cicero pro Marcello, n. 7. *At verò hujus gloriæ, Cæsar, quam es paulò antè adeptus, socium habes neminem: totum hoc, quantumcumque est, quod certè maximum est, totum est, inquam, tuum. Nihil sibi ex ista laude centurio, nihil præfectus, nihil cohors, nihil turma decerpit; quin etiam illa ipsa rerum humanarum domina, Fortuna, in istius se societatem gloriæ non offert: tibi cedit: tuam esse totam et propriam fatetur.*

Quid est Deprecatio, seu Observatio, vel Obtestatio? Est Figura, quâ opem alicujus vehementer imploramus. *Quintil. lib.* 9. *cap.* 2. Ut pro Dejot, n. 8. *Quam ob rem hoc nos primùm metu, C. Cæsar, per fidem, et constantiam, et clementiam tuam libera, ne residere in te ullam partem iracundiæ suspicemur. Per dexteram te istam oro, quam regi Dejotaro hospes hospiti porrexisti: istam, inquam, dextram non tam in bellis et præliis, quàm in promissis et fide firmiorem.*

Quid est Execratio? ℞. Est Figura, quâ malum alicui imprecamur. Ut pro Dejot. *Dii te perdant, fugitive, ita non modò nequam et improbus, sed fatuus et amens!* Et Phil. VI. n. 12. *Igitur est patronus Antonius? malam quidem illi pestem! clamori enim vestro assentior, non modò hic latro, quem clientem nemo habere velit.* Item Philip. XIII. n. 48. *Quin tu abis in malam pestem, malumque cruciatum? ad te quisquam veniat?* etc.

Quid est Epiphonema? ℞. Est rei narratæ vel probatæ summa acclamatio. Ut Virgil. *Tantæ molis erat Romanam condere gentem.* Cicero, *Hoc sentire prudentia est, facere fortitudinis, et sentire verò, et facere, perfectæ cumulatæque virtutis.*

Hæc Figura est veluti corollarium, ut aiunt, quod, quæ admirationem habent, complectitur. Ita Cic. *Facere enim probus adolescens periculosè, quàm turpiter perpeti maluit.*

Quid est Exclamatio? ℞. Est Figura, in qua significamus aliquem affectum rei cujuslibet compellatione, Quintil. *lib.* 9. *cap.* 2. soletque post rem aliquam insignem multis amplificatam et probatam adhiberi: vel ad indignationem. Ut in Catil. *O tempora! ô mores! senatus hoc intelligit, consul videt: hic tamen vivit!* Et pro Cæl. n. 59. *Prô dii immortales, cur interdum in hominum sceleribus maximis connivetis, aut præsentis fraudis pœnam in diem reservatis!* Vel ad misericordiam. Ut pro Sylla, n. 91. *O miserum et infelicem illum diem, quo consul omnibus centuriis P. Sylla renuntiatus est! ô falsam spem!* Vel iracundiam. *O pestis! ô labes! ô tenebræ! ô lutum! ô sordes! ô portentum in ultimas terras deportandum!* Vel admirationem. Ut pro Ligar. n. 6. *O clementiam admirabilem, atque omni laude, prædicatione, monumentis decorandam!*

CAPUT QUINTUM.

De suavitate Elocutionis.

SUAVITAS est altera virtus Elocutionis, ut jam diximus, ipsaque consistit in Oratorio numero, et periodo, cujus partes sunt incisa et membra.

Quid est Numerus? ℞. Est conveniens sententiæ sonus ex partium compositione nascens. Vel è Cicerone: Numerus est modus quidam orationis, qui è permistis et confusis pedibus, et temporum, quibus constat, apta ratione nascitur. Nomine temporum intellige quantitatem Syllabarum.

Cur numerosa Oratio inventa est? ℞. Quia aures, aut potiùs animus aurium judicio naturalem quamdam in se continet vocum omnium dimensionem. *Cicero de Orat.* 3. Unde longiora et breviora judicant aures, moderata expectant, mutila et quasi decurtata ac immoderatiùs excurrentia sentiunt, quibus offenduntur. Ut ergo in re Poëtica versus inventus est terminatione aurium, et observatione prudentium: sic etiam in oratione notatum est (quæ notatio peperit artem) certos esse concursus conclusionesque verborum, quæ aptam, et concinnam, et suavem redderent orationem.

Quid cavendum in numero oratorio? ℞. Ne versus efficiatur: nam quamvis oratio numerosè cadere debeat, nullus est tamen certus in ea numerus, sicut in versu. v. g. Heroïco sunt dactyli et spondei. Unde omnis nec claudicans, nec fluctuans, sed æqualiter constanterque ingrediens, numerosa habetur Oratio : nam numerosum putatur, non quod totum constat è numeris, sed quod ad numeros proximè accedit.

Quid sunt Pedes Oratorii Numeri? ℞. Cicero *de Orat* censet omnes esse posse, et in oratione permisceri : sed Creticum, Dochimum, Dichoreum, et Pæonas cæteris anteponit.

In qua parte Orationis debet esse numerus Pedum? ℞. In tota oratione, non solùm in fine, ut quidam putant: licèt aures finem maximè expectent.

Quinam Pedes initium Orationis decent. ℞.

I. Creticus : ut, *Neminem vestrûm ignorare arbitror.*
II. Pæon prior: ut, *At beneficio sum usus tuo.*
III. Bacchius : ut, *Vehebatur in essedo.*
IV. Dichoreus : ut, *Non enim potest natura.*
V. Dactylus et Anapæstus.

Quinam Pedes medium Orationis decent? ℞. Maximè Pæon primus et quartus: ut, *Vincat aliquando, cupiditas.* Vel *Potuit aliquando conficere.*

Quinam Pedes finem Orationis decent? ℞.

I. Creticus et Dichoreus: ut, *Cum victoria et exercitu conferatis.*
II. Creticus duplex : ut, *In communionem tuorum temporum tulit.*
III. Creticus triplex : ut, *Perpeti turpiter maluit.*
IV. Creticus et Dactylus : ut, *Moribus consonet.*
V. Tribachis et Spondeus : ut, *Esse videatur.* Vel *Jucunditasque sapienti.*
VI. Jambus et Dispondeus : ut, *Ejus gloriam per tales viros infringendam.*

VII. Denique Dochimus, qui pes omnium præclarissimus est: ut, *Miror te, Antoni, quorum facta imiteris, eorum exitus non perhorrescere.*

Sed in his observationibus minuta est omnis diligentia.

Quid est Incisum, seu comma? ℞. Est dictio, vel oratio minor membro, seu colo, habens sensum perfectum extra membrum aut periodum; at in periodo vel membro habens sensum dependentem. v. g. extra membrum: *Catilina abiit, excessit, erupit, evasit.* In membro aut periodo sunt hæc commata: *Diuturni silentii, P. C. quo eram his temporibus usus, non timore aliquo, sed partim dolore, partim verecundiâ, finem hodiernus dies attulit,* etc.

Incisi autem (sic dicitur quod quasi incidat Orationem) justa magnitudo est, ut non extendatur ultra octo syllabas.

Quid est incisim dicere? ℞. Est cum in singulis incisis insistit oratio. Ut in Catil. *Tenentur litteræ, signa manûs, denique uniuscujusque confessio.* In Pison. *O scelus! ô pestis! ô labes!* Post redit. in Sen. *Sine sapore, elinguis, tardus, inhumanus, domi quàm libidinosus? quàm impurus? quam intemperatus?*

Quando utimur hoc genere dicendi? ℞. Quando arguimus, refellimus, deridemus, contendimus.

Quid est membrum, seu colon? ℞. Extra periodum est oratio longior commate. In periodo est sensus quidam utcumque perfectus, sed tamen suspensus, et ex reliquo periodi corpore dependens. Ut, *Etsi vereor, judices, ne turpe sit pro fortissimo viro dicere incipientem timere, etc.* Manca est oratio, et suspensa, dum absolvatur periodus.

Membrum, sive careat commate, sive non, est sæpè circiter octodecim syllabarum, et par vel longius carmine hexametro. Imò nonnumquam ultra triginta syllabas extenditur.

Quibus constat membrum? ℟. Incisis et commatibus: nàm sicut membrum est pars periodi, ita incisum est pars membri: id adeò intellige cum membrum in periodo includitur, aut incisum in membro: nam aliquando divelluntur. Ut hæc separata sunt incisa, *falli, decipi, errare: veni, vidi, vici.*

Observa subinde misceri membra cum incisis; valereque membratim dicere ad narrandum, refellendum, invehendum. Ut, *Quousque tandem abutêre, Catilina, patientiâ nostrâ etc.* Et pro Ligario: *Quid enim tuus ille, Tubero, districtus in acie Pharsalica gladius agebat? cujus latus ille mucro petebat? quis sensus erat armorum tuorum? quæ tua mens, oculi, ardor animi? quid cupiebas, quid optabas,* etc.

Quid est membratim dicere? ℟. Est cùm in singulis membris insistit oratio, neque est in periodum illigata. v. g. pro Milon. *Itaque quando illius postea sica illa, quam à Catalina acceperat, conquievit, hæc intentata vobis est, huic ego vos objici pro me non sum passus, hæc ipsam Appiam viam monumentum sui nominis nece Papyrii cruentavit.*

Quid est periodus (quæ Latinè dicitur circuitus, ambitus, circumscriptio, continuatio, comprehensio, conversio, conclusio.) ℞. Est oratio, quæ ab antecedente ad consequens quasi in orbem fertur, quoad tota absolvatur sententia. Ut, *Quanquam mihi frequens conspectus vester multò jucundissimus, hic autem locus ad agendum amplissimus, ad dicendum ornatissimus est visus, Quirites; tamen hoc aditu laudis, qui semper optimo cuique patuit, non mea me voluntas, sed meæ vitæ rationes ab ineunte ætate susceptæ prohibuerunt.*

Observa ex Herbetio, in periodo membrum aliud esse principale, aliud minus principale. Nam periodus est tamquam totum integrum, quod ex partibus principalibus quantitatem habentibus et minus principalibus, componitur. Principale est, sine quo periodus esse nequit: est duplex, antecedens et consequens periodi. Antecedens (quod alii principium, propositionem, protasim vocant) est oratio, quæ in periodo dumtaxat sensum inchoat et suspendit: ut, *Nam cum antea per ætatem nondum hujus loci authoritatem contingere auderem.* Consequens, seu apodosis, aut finis, est, quod sensum inchoatum et dependentem absolvit: ut, *Omne meum tempus amicorum temporibus transmittendum putavi.* Membrum minus principale (quod intermedium dicitur) est quo sublato periodus ipsa manet, estque pars membri præcipui antecedentis aut consequentis: ut, *Statueremque nihil huc nisi perfectum ingenio, elaboratum industria afferri oportere.*

Quot sunt periodorum species? ℞. Variæ pro multitudine partium, quibus constant. Etenim quæ duo membra continent bimembres dicuntur, suntque brevissimæ: ut I. de Orat. *Quid tam est admirabile, quàm ex infinita multitudine hominum existere unum, qui id, quod omnibus natura sit datum, aut solus, aut cum paucis possit facere?* Item : *Tibi verò, frater, neque hortanti deero, neque roganti : nam neque auctoritate quisquam apud me plus valere te potest, neque voluntate.*

Periodus alia trimembris, quæ tria membra habet: ut pro Quinctio. *Etenim si veritate amicitia, si fide societas, pietate propinquitas colitur : necesse est iste, qui amicum, socium, affinem famá et fortunis spoliare conatus est, vanum se, et perfidiosum, et impium esse fateatur.*

Quadrimembris periodus est omnium præstantissima, quia aures implet, neque brevior est, aut longior, et adinstar quatuor versuum Hexametrorum. v. g. *Si quantum in agro locisque desertis latronum insania valet, tantum in foro improbissimorum hominum posset audacia : careret ille propemodum excusatione temeritatis, qui bona et fortunas innocentium hic tueri aggrederetur.*

Quando utimur periodis ? ℟. Quando res copiosa est, et amplificanda, vel quando genus dicendi suave ac temperatum tractamus, uti in genere demonstrativo. Maximè in exordiis.

Quid cavendum in periodis? ℟. Ne puerili verborum et inani numerorum sono periodi compleantur: vel ne sæpè in eadem oratione simili modo desinant ad nauseam. Variare enim oportet periodos.

Postremo licet optima periodus sit quatuor membrorum, potest tamen ille numerus augeri et excrescere ad sex septemve, aut nonnunquam (raró licet) ad plures.

Pro Archia Poëta periodus septem constat membris: quorum sex ponuntur in antecedente, unum redditur in consequente. In prima periodo pro Milone sex membra reperies. In principio orationis post reditum ad Quir. ponitur circumscriptio periodica, quæ plurima habet membra. In fine septimæ Verrinæ perlonga est apostrophe, quæ pluribus, quàm quinquaginta constat membris: *Nunc, ego te, Jupitir*, etc.

Denique his omnibus subjungo pneuma, quod definitur oratio membris et incisis distincta, sine verborum ambitu sententiam protrahens, quousque patitur spiritus dicentis. Exemplum est pro Ros. Amer. *Rogat oratque te, Chrysogone, si nihil*, etc.

Quot sunt dicendi genera, in quibus orator debet excellere? ℞. Tria: Unum subtile, acutum, et tenue: alterum vehemens, copiosum, et grave: tertium mediocre, et quasi ex utroque temperatum. *Cicero de Orat. Quint. lib. 9. cap. 2.*

Cum enim tria sunt oratoris officia: docere, movere, et delectare, primum dicendi genus in docendo; secundum in movendo; tertium in delectando versatur.

In primo autem poni debent acutæ crebræque sententia, ornamenta etiam verborum, cum tropis, verecundè tamen parcèque adhibitis. Tertium aliquanto uberius est, quàm primum, sed non tam amplum, quàm secundum: nam in hoc genere, licet verborum ac sententiarum ornamenta liberiora sint, tamen nervorum vel minimum est, suavitatis autem plurimum. De hoc dicendi genere ita loquitur Quintilianus: medius hic modus, et transitionibus crebrior; et figuris erit jucundior, egressionibus amœnus, compositione aptus, sententiis dulcis, lenior tamen, ut amnis lucidus quidam, et virentibus utrimque sylvis inumbratus. In secundo vis est maxima, amplificationes summæ, et figuræ, et affectus.

His tribus generibus utetur orator ut res exiget, vel parva, vel mediocris, vel magna: nam parva submissè, mediocria temperatè, magna graviter dicenda sunt. Characterem tenuem et subtilem vide in orationibus pro Quinctio, pro Flacco, et pro Plancio. Vehementem stylum Verrina *VII.* In Catilin. In Anton. In Pison, etc. Temperatum ac mediocrem pro lege Manil., pro Marcel., pro Archia, etc.

CAPUT SEXTUM.

De quarta parte Rhetoricæ, seu de Memoria.

MEMORIA (Eloquentiæ thesaurus) est firma orationis perceptio, estque duplex: altera naturalis, quæ naturâ; altera artificialis, quæ artificio comparatur. *Cicero de Orat.* 3.

Quænam tradi possunt de memoriæ artificio præcepta? ℞. Quidam ea, quæ animo perceperunt, affigunt locis et imaginibus, ordineque ac intervallis distinguunt.

Quomodo memoriâ utendum, quam à naturâ hausimus? ℞. Oportet I. illam studiosè exercere ab ineunte ætate. II. Nunquam nimia rerum multitudine obruere. III. In iis, quæ memoriæ mandamus, judicio uti potissimùm ad seriem eorum atque junctionem advertendam, ut animo citiùs et tenaciùs hæreant. IV. Cùm aliquid longius est, illud per partes, et quidem scripto distinctas, ediscere. V. Nocturnam quietem adhibere, hoc est, proximé vesperi ante cubitum, tum mane corpore ad quietem composito mandata repetere. *Quintil. lib. 9. cap. 2.*

CAPUT SEPTIMUM.

De quinta parte Rhetoricæ seu de Pronunciatione.

NON parva est ad Eloquentiam necessitas pronunciationis, quia sine illa summi oratores sæpè in mediocribus et infimis habentur; cum illa mediocres summorum sæpè laudem et efficaciam obtinent. Est enim pronunciatio, seu actio, quasi corporis quædam eloquentia, quam natura præstat, et diligentia auget, magni momenti ad persuadendum. *Quintil. lib. 11. cap. 2.*

Quot habet partes pronunciatio? ℞. Duas: vocem, quæ aures movet; et gestum, qui oculos: per quos duos sensus omnis ad animum penetrat affectus.

Quænam in voce necessaria sunt? ℞. I. Debet esse sonora et nitida. II. Articulata (ne extremæ syllabæ absorbeantur) legitimisque interpunctionibus distincta. III. Cavenda est cantilatio, et clamor ultra vires spiritumque. IV. Pro varietate rerum variè inflectenda est, ut ad iracundiam provocandam acuta sit et incitata, et crebrò incidens; ad miserationem et mœrorem flexibilis; ad metum demissa, hæsitans, et abjecta; ad voluptatem effusa, hilaris et tenera; ad vim contenta, vehemens, imminens quadam concitatione gravitatis. Ad molestiam gravis, et pressa; item in precibus lenis et submissa; in suasionibus, monitionibus, pollicitationibus, et consolationibus, gravis; in honorando fortis; in exponendo recta, et æquabilis. *Quintilian lib.* 11. *cap.* 3.

Denique nihil ita gratiam præbet, ac renovat attentionem, dicentem etiam allevat, movetque auditorem, ac crebra vocis varietas, et mutatio, non modò in diversis rebus, sed etiam in iisdem partibus, iisdemque affectibus. Cæterùm in exordiis utimur ferè voce tranquilliori; in narratione, clara et aperta; in confirmatione, atroci; in Epilogo, excitata.

Quid est gestus? ℞. Est oris totiusque corporis motus et conformatio. *Quintil. lib.* 11 *cap.* 3.

Quid in gestu cavendum? ℞. Ne quid in eo superfluum, aut minus delicatum, aut affectatum sit; sed motus animi rectè exprimat: varietas item et mutatio in gestu, uti in voce, sæpè adhibenda est.

Quid de totius corporis motu præcipiendum? ℞. Ut ipsius corporis status sit erectus, virilis ac gravis laterum inflexio, oculis, capite et humeris sensim obsecundantibus: nam Cicero corporis et laterum motu rebus consentiente plus agi putat quàm ipsis manibus.

Quid in oris conformatione observandum? ℞. In ore maximè gestus consistit, in quo est dominatus oculorum (nam omnis actio est animi, imago autem animi est vultus, indices oculi) orator oculorum remissione, et conjectu, et hilaritate, varios animi motus significabit, efficietque.

Igitur vultus et aspectus nunc severus sit, nunc blandus; nunc alacer, et erectus, nunc tristis, et submissus, pro rerum diversitate, uti de voce diximus: maximè verò gestum oculus sequatur.

Quid de capitis, colli, humerorum, pedum, et brachiorum motu sentiendum? ℞. Capitis fréquens motus in vitio est? non tamen dedecet aliquando vel annuendo confirmare, vel renuendo negare; vel capitis in latus inclinatione languorem, et aversione indignationem, aut alio simili motu dubitationem, admirationem, et ejusmodi affectus significare.

Collum neque contractum esse debet, neque tensum, neque rigidum. Humeros dedecet jactare, vel attollere, vel contrahere.

Pedum supplosio non nisi in contentionibus aut incipiendis, aut finiendis adhibenda est.

Brachia ne deorsum incomposita pendeant: dexterum liberiùs proferre licet; sed contrahimus, cum remissè agimus, in contentionibus verò porrigimus.

Quid de gestu manuum, in quibus magna est actio? ℞. Hæc in sua Rhetorica Vallerius, quæ nos in Artè Poëtica paulò aliter deduximus: manus, nisi in summis affectibus, capitis altitudinem non excedent. Numeri vel digitis, vel motu manûs à lævâ in dexteram partem per locorum modica intervalla distinguentur. Supplicamus manibus elatis et junctis, vel humiliter remissis. Aversamur caput in sinistram, manusque sublatas in dexteram partem detorquentes.

Negamus manum dexteram aversam in latus dexterum removentes. Interrogamus eamdem conversam sublevando.

Urgemus crebra manuum impressione: contraria distinguimus modò in dexteram, modò in sinistram partem manus transferendo.

Confirmamus manibus pronis, gravi quodam ac decente motu depressis, vel in medio complosis. Timemus iisdem sublatis, palpitantibus ac ipsum corpus appetentibus. Irascimur manu in pugnum collecta, cum suggestûs percussione. Pœnitudinem ostendimus manibus in crucis modum ante pectus compositis, vultu mœsto, capite in latus vergente. Admiramur manibus elatis, utrâque volâ spectante populum, oculis in cœlum versis. Ironiam ostendimus indice in latus verso, vultu averso et subridente. Hortamur manu cavâ et apertâ; identidem sublatâ. Mitigamus manu aliquoties leniter elatâ, ac demissâ cum quâdam gravitate. Multitudo ac copia manibus valde disjunctis. Paucitas cavis iisdem ac conjunctis ostendetur. Minitamur erecto ac moto sæpiùs indice. Dimittimus aversâ manu celeriter motâ. Prohibemus manu elatâ et quiescente. Permittimus dexterâ conversâ ac porrectâ. Sinistrâ manu rariùs utimur, nisi rerum vastitas, copia motusque summi exprimantur.

APPENDIX I.

As the first book of oratorical invention is not usually explained by our English or American rhetoricians, it is thought the student will be much pleased as well as aided by examples taken from our own orators, to understand this most difficult but also most useful part of his course. Not to swell the book to an inconvenient size, one or at most two examples have been selected for this purpose, and these may be guides in the selection of others; for it is supposed that the student will study our own classics with as much zeal as he devotes his attention to the standards of taste which have been left us by the ancients.

DEFINITION—ORATORICAL.

"True eloquence does not consist in speech. It cannot be brought from far. Labor and learning may toil for it, but they will toil in vain. Words and phrases may be marshalled in every way, but they cannot compass it. It must exist in the man, in the subject, in the occasion. Affected passion, intense expression, the pomp of declamation, all may aspire after it; they cannot reach it. It comes, if it come at all, like the outbreaking of a fountain from the earth, or the bursting forth of volcanic fires, with spontaneous, original, native force. The graces taught in the schools, the costly ornaments and studied contrivances of speech, shock and disgust men when their own lives and the fate of their wives, their children and their country, hang on the decision of the hour. Then words have lost their power, rhetoric is vain, and all elaborate oratory contemptible. Even genius then feels rebuked and subdued, as in the presence of higher qualities. Then, patriotism is eloquent; then, self-devotion is eloquent. The clear conception, outrunning the deductions of logic; the high purpose, the firm resolve, the dauntless spirit, speaking on the tongue, beaming from the eye, informing every feature and urging the whole man onward, right onward to his object,—this, this is eloquence; or rather it is something greater and higher than eloquence—it is action, noble, sublime, godlike action."—*Webster.*

"It is the greatest courage to be able to bear the imputation of want of courage. But pride, vanity, egotism, so unamiable and offensive in private life, are vices which partake of the character of crimes in the conduct of public affairs. The unfortunate victim of these passions cannot see beyond the little, petty, contemptible circle of his own personal interests. All his thoughts are withdrawn from his country and concentrated on his consistency, his firmness, himself. The high, the exalted, the sublime emotions of a patriotism which, soaring towards heaven, rises far above all mean, low, or selfish things, and is absorbed by one soul-transporting thought of the good and glory of one's country, are never felt in his impenetrable bosom. That patriotism, which, catching its inspirations from the immortal God, and leaving at an immeasurable distance below all lesser, grovelling, personal interests and feelings, animates and prompts to deeds of self-sacrifice, of valor, of devotion, and of death itself—that is public virtue; that is the sublimest, the noblest of all public virtues."—*Clay.*

"Truth is the foundation of all knowledge and the cement of all societies."—*Dryden on Politics.*

NOTATIONS AND CONJUGATES.

"Allow me, sir, in the first place, to state my regret, if indeed I ought not to express a warmer sentiment, at the names or designations which Mr. Speaker has seen fit to adopt for the purpose of describing the advocates and the opposers of the present bill. It is a question, he says, between the friends of an "American policy" and those of a "foreign policy." This, sir, is an assumption which I take the liberty most directly to deny. Mr. Speaker certainly intended nothing invidious or derogatory to any part of the house by this mode of denominating friends and enemies. But there is power in names, and this manner of distinguishing those who favor and those who oppose particular measures may lead to inferences to which no member of the house can submit. It may imply that there is a more exclusive and peculiar regard to American interests in one class of opinions than in another. Such an implication is to be resisted and repelled. Every member has a right to the presumption that he pursues what he believes to be the interest of his country with as sincere a zeal as any other member. I claim this in my own case; and while I shall not, for any purpose of description or convenient arrangement, use terms which may imply any disrespect to other men's opinions, much less any imputations upon other men's motives, it is my duty to take care that the use of such terms by others be not, against the will of those who adopt them, made to produce a false impression. Indeed, sir, it is a little astonishing, if it seemed convenient to Mr. Speaker, for the purpose of distinction, to make use of the terms "American policy" and "foreign policy," that he should not have applied them in a manner precisely the reverse of that in which he has in fact used them. If names are thought necessary, it would be well enough, one would think, that the name should be in some measure descriptive of the thing; and since Mr. Speaker denominates the policy which he recommends "a new policy in this country;" since he speaks of the present measure as a new era in our legislation; since he professes to invite us to depart from our accustomed course, to instruct ourselves by the wisdom of others, and to adopt the policy of the most distinguished foreign States—one is a little curious to know with what propriety of speech this imitation of other nations is denominated an "American policy," while, on the contrary, a preference for our own established system, as it now actually exists and always has existed, is called a "foreign policy." This favorite American policy is what America has never tried, and this odious foreign policy is what, we are told, foreign States have never pursued. Sir, that is the truest American policy which shall most usefully employ American capital and American labor and best sustain the whole population. With me it is a fundamental axiom, it is interwoven with all my opinions, that the great interests of the country are united and inseparable; that agricul-

ture, commerce and manufactures will prosper together or languish together; and that all legislation is dangerous which proposes to benefit one of these without looking to consequences, which may fall on the others."
— *Webster on the Tariff.*

ENUMERATION.

" Methinks I see it now, that one solitary, adventurous vessel, the Mayflower of a forlorn hope, freighted with the prospects of a future state, and bound across the unknown sea. I behold it pursuing, with a thousand misgivings, the uncertain, the tedious voyage. Suns rise and set, and weeks and months pass, and winter surprises them on the deep, but brings them not the sight of the wished-for shore. I see them now, scantily supplied with provisions, crowded almost to suffocation in their ill stored prison, delayed by calms, pursuing a circuitous route, and now driven in fury before the raging tempest, on the high and giddy waves. The awful voice of the storm howls through the rigging. The laboring masts seem straining from their base; the dismal sound of the pumps is heard; the ship leaps, as it were, wildly from billow to billow; the ocean breaks and settles with engulphing floods over the floating deck, and beats with deadening weight against the staggered vessel. I see them, escaped from these perils, pursuing their all but desperate undertaking, and landed at last, after a five months' passage, on the ice-clad rocks of Plymouth,— weak and weary from the voyage—poorly armed, scantily provisioned, depending on the charity of their shipmaster for a draft of beer on board, drinking nothing but water on shore—without shelter, without means—surrounded by hostile tribes."—*Everett on the Pilgrims.*

By Cause and Personification.—"There is a spirit which, like the father of evil, is constantly " walking to and fro about the earth, seeking whom it may devour"—it is the spirit of false philanthropy. The persons whom it possesses do not indeed throw themselves into the flames, but they are employed in lighting up the torches of discord throughout the community. Their first principle of action is, to leave their own affairs and neglect their own duties, to regulate the affairs and duties of others. Theirs is the task to feed the hungry and clothe the naked of other lands, while they thrust the naked, famished and shivering beggar from their own doors—to instruct the heathen, while their own children want the bread of life. When this spirit infuses itself into the bosom of a statesman, (if one so possessed can be called a statesman,) it converts him at once into a visionary enthusiast. Then it is that he indulges in golden dreams of national greatness and prosperity. He discovers that "liberty is power," and, not content with vast schemes of improvement at home, which it would bankrupt the treasury of the world to execute, he flies to foreign lands, to fulfil obligations to the human race by inculcating the principles of "political and religious liberty" and promoting the "general welfare" of the whole human race."—*Hayne on Foot's Resolution.*

Genus and Form.

By Definition.—"To expatiate on the value of public faith may pass with some men for declamation—to such men I have nothing to say. To others I will urge—can any circumstance mark upon a people more turpitude and debasement? Can anything tend more to make men think themselves men or degrade to a lower point their estimation of virtue and their standard of action? It would not merely demoralize mankind; it tends to break all the ligaments of society, to dissolve that mysterious charm which attracts individuals to the nation, and to inspire in its stead a repulsive sense of shame and disgust. What is patriotism? Is it a narrow affection for the spot where a man was born? Are the very clods where we tread entitled to this ardent preference because they are greener? No, sir; this is not the character of the virtue and it soars higher for its object. It is an extended self-love, mingling with all the enjoyments of life and twisting itself with the minutest filaments of the heart. It is thus we obey the laws of society, because they are the laws of virtue. In their authority we see, not the array of force and terror, but the venerable image of our country's honor. Every good citizen makes that honor his own, and cherishes it not only as precious but as sacred. He is willing to risk his life in its defence, and is conscious that he gains protection while he gives it. For what rights of a citizen will be deemed inviolable when a State renounces the principles that constitute their security? Or if his life should not be invaded, what would its enjoyments be in a country odious in the eyes of strangers and dishonored in his own? Could he look with affection and veneration to such a country as his parent? The sense of having one would die within him; he would blush for his patriotism if he retained any, and justly, for it would be a vice. He would be a banished man in his native land." *Fisher Ames on Treaty with G. B.*

By Cause.—"It is vain to talk of the destructive tendency of such a system. To argue upon it is to insult the understanding of every man. It is mere, sheer, low, ribald, vulgar deism and infidelity. It opposes all that is in heaven and all on earth that is worth being on earth. It destroys the connecting link between the creature and the Creator; it opposes the great system of universal benevolence and goodness that binds man to his Maker. No religion till he is eighteen! What would be the condition of all our families, of all our children, if religious fathers and religious mothers were to teach their sons and daughters no religious tenets till they were eighteen? What would become of their morals, their character, their purity of heart and life, their hope for time and eternity? What would become of all those thousand ties of sweetness, benevolence, love, and Christian feeling, that now render our young men and young maidens like comely plants growing up by a streamlet's side; the graces and the grace of opening manhood and blossoming womanhood? What would become of all that now renders the social circle lovely and beloved? What would become of society itself? How could it exist? And is that to be considered a charity which strikes at the root of all this; which subverts all the excellence and the charms of social life; which tends to destroy the very foundation and framework of society, both in its practices and in its opinions; which subverts the whole decency, the whole morality, as well as the whole Christianity and government of society? No, sir."—*Webster on the Girard Will.*

SIMILITUDE.

"Contemplate at this season of the year one of the many magnificent oak trees of the forest, covered with thousands and thousands of acorns. There is not one of those acorns that does not carry within itself the germ of a perfect oak, as lofty and as wide spreading as the parent stock; which does not enfold the rudiments of a tree that would strike its root in the soil and lift its branches toward the heavens, and brave the storms of a hundred winters. It needs for this but a handful of soil to receive the acorn as it falls, a little moisture to nourish it, and protection from violence till the root is struck. It needs but these, and these it does need, and these it must have; and for want of them, trifling as they seem, there is not one out of a thousand of those innumerable acorns which is destined to become a tree. Look abroad through the cities, the towns, the villages of our beloved country, and think of what materials their population, in many parts already dense and everywhere rapidly growing, is, for the most part, made up. * * * When an acorn falls on an unfavorable spot and decays there, we know the extent of the loss,—it is that of a tree, like the one from which it fell,—but when the intellect of a rational being, for want of culture, is lost to the great ends for which it was created, it is a loss which no one can measure either for time or for eternity."—*Everett.*

"Our enemy never presented a more imposing exterior. His fortune is at the flood. But I am admonished by universal experience that such prosperity is the most precarious of human conditions. From the flood the tide dates its ebb. From the meridian the sun commences his decline. Depend upon it, there is more of sound philosophy than of fiction in the fickleness which poets attribute to fortune. Prosperity has its weakness; adversity its strength."—*Calhoun.*

DISSIMILITUDE.

"It was the people in their first capacity as citizens and as freemen, starting from their beds at midnight, from their firesides, and from their fields, to take their own cause into their own hands. Such a spectacle is the height of the moral sublime; when the want of everything is fully made up by the spirit of the cause, and the soul within stands in place of discipline, organization and resources. In the prodigious efforts of a veteran army, beneath the dazzling splendor of their array, there is something revolting to the reflective mind. The ranks are filled with the desperate, the mercenary, the depraved; an iron slavery, by the name of subordination, merges the free will of one hundred thousand men in the unqualified despotism of one. The humanity, mercy and remorse, which scarce ever desert the individual bosom, are sounds without a meaning to that fearful, ravenous, irrational monster of prey, a mercenary army. It is hard to say, who are most to be commiserated, the wretched people on whom it is let loose or the still more wretched people whose substance has been sucked out to nourish it into strength and fury. But in the efforts of the people —of the people struggling for their rights, moving not in organized, disciplined masses, but in their spontaneous action, man for man and heart for heart—there is something glorious. They can move forward without orders, act together without combination, and brave the flaming lines of battle without intrenchments to cover or walls to shield them. No dissolute camp has worn off from the feelings of the youthful soldier the freshness of that home where his mother and his sisters sit waiting, with tearful eyes and aching hearts, to hear good news from the wars; no long service in the ranks of a conqueror has turned the veteran's heart into marble; their valor springs not from recklessness, from habit, from indifference to the preservation of a life knit by no pledges to the life of others. But in the strength and spirit of the cause alone they act, they contend, they bleed. In this they conquer. The people always conquer. They always must conquer."—*Everett on the First Battles of the Revolution.*

COMPARISON OF GREATER.

" In all the efforts that have been made by South Carolina to resist the unconstitutional laws which Congress has extended over them, she has kept steadily in view the preservation of the Union by the only means by which she believes it can be long preserved—a firm, manly and steady resistance against usurpation. The measures of the Federal Government have, it is true, prostrated her interests, and will soon involve the whole

South in irretrievable ruin. But even this evil, great as it is, is not the chief ground of our complaints. It is the principle involved in the contest—a principle which, substituting the discretion of Congress for the limitations of the Constitution, brings the States and the people to the feet of the Federal Government, and leaves them nothing they can call their own. Sir, if the measures of the Federal Government were less oppressive we should still strive against this usurpation. The South is acting on a principle she has always held sacred—resistance to unauthorized taxation. These, sir, are the principles which induced the immortal Hampden to resist the payment of a tax of twenty shillings. Would twenty shillings have ruined his fortune? No! but the payment of half twenty shillings on the principle on which it was demanded would have made him a slave. Sir, if in acting on these high motives—if animated by that ardent love of liberty which has always been the most prominent trait in the southern character—we should be hurried beyond the bounds of a cold and calculating prudence, who is there, with one noble and generous sentiment in his bosom, that would not be disposed, in the language of Burke, to exclaim, "You must pardon something to the spirit of liberty."—*Hayne on Foot's Resolution.*

COMPARISON OF LESS.

"The body is not starved except in cases of cruel necessity. Not starved! It is nourished and pampered by whatever can provoke or satisfy the appetite; the healthy child is nursed and nourished up into the healthy man the tiny fingers, which now weary with the weight of the rattle, will be trained up to a grasp of steel; the little limbs will learn to stretch unfatigued over plain and mountain; while the inward intellectual being will be allowed to remain unnourished, neglected and stinted. A reason capable of being nurtured into the vigorous apprehension of all truth will remain uninformed and torpid, at the mercy of low prejudice and error. A capacity, which might have explored all nature, mastered its secrets, and weighed the orbs of heaven in the golden scales of science, shall pass through life clouded with superstition, ignorant of the most familiar truth, unconscious of its own heavenly nature. There is the body of a man, sound, athletic, well proportioned; but the mind within is puny, dwarfed and starved. Could we perceive it with our bodily sight, we should pity it. Could the natural eye measure the contrast between a fully-developed and harmoniously-proportioned intellect on the one hand and a blighted, stinted, distorted, sickly understanding on the other, even as it compares a diseased and shrivelled form with the manly expansion and vigorous development of health, we should be moved with compassion; but so completely do we allow ourselves to be the slaves of material sense, that many a parent, who would feel himself incapable of depriving a child of a single meal, will let him grow up without ever approaching the banquet of useful, quickening knowledge."— *Evevett on Education the Nurture of the Mind.*

Appendix I.

Comparison of Equals.

"Sir, if we too closely look to the rise and progress of long sanctioned establishments and unquestioned rights, we may discover other subjects than that of slavery with which fraud and violence may claim a fearful connection, and over which it may be our interest to throw the mantle of oblivion. What was the settlement of our ancestors in this country but an invasion of the rights of the barbarians who inhabited it? That settlement, with slight exceptions, was effected by the slaughter of those who did no more than defend their native land against the intruders of Europe, or by unequal compacts and purchases, in which feebleness and ignorance had to deal with power and cunning. The savages who once built their huts where this proud Capitol, rising from its recent ashes, exemplifies the sovereignty of the American people, were swept away by the injustice of our fathers, and their domain usurped by force or obtained by artifices yet more criminal. Our continent was full of those aboriginal inhabitants. Where are they or their descendants? Either 'with the years beyond the flood,' or driven back, by the swelling tide of our population, from the borders of the Atlantic to the deserts of the west. You follow still the miserable remnants and make contracts with them that seal their ruin. You purchase their lands, of which they know not the value, in order that you may sell them to advantage, increase your treasure, and enlarge your empire. Yet further—you pursue as they retire; and they must retire until the Pacific shall stay their retreat and compel them to pass

away as a dream. Will you recur to those scenes of various iniquity for any other purpose than to regret and lament them? Will you pry into them with a view to shake and impair your rights of property and dominion?"
—*Pinckney on the Missouri Question.*

REPUGNANTS.

"But no, fellow citizens, we dismiss them not to the chambers of forgetfulness and death. What we admired and prized and venerated in them can never die nor, dying, be forgotten. I had almost said that they are now beginning to live; to live that life of unimpaired influence, of unclouded fame, of unmingled happiness, for which their talents and their services were destined. They were of the select few, the least portion of whose life dwells in their physical existence; whose hearts have watched while their senses have slept; whose souls have grown up into a higher being; whose pleasure is to be useful; whose wealth is an unblemished reputation; who respire the breath of honorable fame; who have deliberately and consciously put what is called life to hazard, that they may live in the hearts of those who come after. Such men do not, cannot die. To be cold and motionless and breathless; to feel not and speak not; this is not the end of existence to the men who have breathed their spirits into the institutions of their country, who have stamped their characters on the pillars of the age, who have poured their hearts' blood into the channels of the public prosperity."—*Everett's Eulogy of Adams and Jefferson.*

APPENDIX I.

Contrast by Similitude.

"As the spring gradually approached, the immense piles of snow that, by alternate thaws and frosts and repeated storms, had obtained a firmness that threatened a tiresome durability, began to yield to the influence of milder breezes and a warmer sun. The gates of heaven at times seemed to open, and a bland air diffused itself over the earth, when animate and inanimate nature would awaken, and for a few hours the gayety of spring shone in every eye and smiled on every field. But the shivering blasts from the north would carry their chill influence over the scene again, and the dark and gloomy clouds that intercepted the rays of the sun were not more cold and dreary than the reaction which crossed the creation. These struggles between the seasons became daily more frequent, while the earth, like a victim to contention, slowly lost the animated brilliancy of winter without obtaining the decided aspect of spring,"—*Cooper's "Pioneers."*

Contraries or Opposites by Effects.

"Is it imagination only, or can it be possibly the fact, that presents such a change as surprises and astonishes us when we turn our eyes to what Ohio now is? Is it reality or a dream, that in so short a period, even as thirty-five years, there has sprung up, on the same surface, an independent State with a million of people? A million of inhabitants! an amount of population greater than that of all the cantons of Switzerland; equal to one-

APPENDIX I. 147

third of all the people of the United States when they undertook to accomplish their independence. This new member of the republic has already left far behind her a majority of the old States. She is now by the side of Virginia and Pennsylvania, and in point of numbers will shortly admit no equal but New York herself. If, sir, we may judge of measures by their results, what lessons do these facts read us upon the policy of the government? What inferences do they authorize upon the general question of kindness or unkindness? What convictions do they enforce as to the wisdom and ability on the one hand, or the folly and incapacity on the other, of our general administration of western affairs?"—*Webster's first Speech on Foot's Resolution.*

DEFINITION OF A STRONG GOVERNMENT BY CONTRARIES.

"And yet, I too am the advocate of a strong and splendid government. But the strength and splendor of government which I advocate are materially different from theirs—reside in a different quarter and consist of different elements. They go for a great Federal head at the centre and a concentration of all power here; and along with that, a magnificent and complex system of government machinery; and as a means of supporting, perpetuating and still further strengthening and adding splendor to that power, they need and would have an immense revenue—ay, sir, the very maximum which the industry and property of the people would bear. On the contrary, in accordance with the principle and policy I have indicated, I desire the strength of the government to be in the hearts of the people, where it will be, and be impregnable, if their affections be invited by protection, and not their labor controlled by government. And the splendor I desire for the government should consist, as its only true splendor ever has consisted and only can consist, in the untrammelled enterprise and prosperous industry of a free people—free in their thoughts, free in their pursuits, with the ability and the will, which they have ever proved and ever will prove to a government they love, because it does not oppress but protects them, to give 'millions for defence but not one cent for tribute.' This marks the difference between us. They want a strong government. I want a strong people. They want a splendid government. I want a prosperous and happy people. They want for this strong and splendid government as much money as, by the power of government machinery, can be dragged from the pockets of the people. I want no more from the people than they can easily and cheerfully pay—no more for the government than may be necessary for its simple and effective existence under a close and economical administration of its constitutional laws and legitimate functions."—*Borland, of Arkansas, on the Deficiency bill.*

RELATIVES.

"A few deserving soldiers are before us, who served their country faithfully through a seven years' war. That war was a civil war. It was commenced on principle and sustained by every sacrifice, on the great principle of civil liberty. They fought bravely and bled freely. The cause succeeded and the country triumphed.

But the condition of things did not allow that country, sensible as it was to their services and merits, to do them the full justice which it desired. It could not entirely fulfil its engagements. The army was to be disbanded; but it was unpaid. It was to lay down its own power; but there was no government with adequate power to perform what had been promised to it. It had faithfully served and saved the country, and to that country it now referred with unhesitating confidence its claim and its complaints. It laid down its arms with alacrity; it mingled itself with the mass of the community; and it waited till, in better times and under a new government, its services might be rewarded and the promises made to it fulfilled. Sir, this example is worth more, far more, to the cause of civil liberty, than this bill would cost us."—*Webster on the Survivors of Revolutionary Officers.*

PRIVATIVES.

"The spirit of party unquestionably has its source in some of the native passions of the human heart; and free governments naturally furnish more of its aliment than those under which the liberty of speech and of the press is restrained by the strong arm of power. But so naturally does party run into extremes,—so ruthless is the war which it wages against private character,—so unscrupulous is the choice of means for the attainment of selfish ends,—so sure is it, eventually, to dig the grave of those free institutions of which it pretends to be the necessary accompaniment—so inevitably does it end in military despotism and unmitigated tyranny, that I do not know how the voice and influence of a good man could, with more propriety, be exerted, than in the effort to assuage its violence."—*Everett on the Seven Years' War.*

Antecedents and Consequents.

Ant.—" The influence of the executive in this country, while he retains his popularity, is infinitely greater than that of a limited monarch. It is as much stronger as the spasm of convulsion is more violent than the voluntary tension of a muscle. The warmth of feeling excited during the contest of an election and the natural zeal to uphold him whom they have chosen, create between the executive and his adherents a connection of 'passion,' while the distribution of office and emolument adds a communion of 'interest,' which combined produce a union almost indissoluble. 'Support the administration' becomes a watchword, which passes from each chieftain of the dominant party to his subalterns, and thence to their followers in the ranks, till the President's opinion becomes the criterion of orthodoxy, and his notions obtain a dominion over the public sentiment, which facilitates the most dangerous encroachments and demands the most jealous supervision. In proportion as a government is free, the spirit of bold inquiry, of animated interest in its measures, and of firm opposition where they are not approved, becomes essential to its purity and continuance.'

Cons.—" True courage shuts not its eyes upon danger or its results. It views them steadily, and calmly resolves whether they ought to be encountered. Already has this Canadian war a character sufficiently cruel, as Newark, Buffalo, and Niagara can testify. But when the spirit of ferocity shall have been maddened by the vapor streaming from the innocent blood that shall stagnate around every depot of prisoners, then will it become a war, not of savage, but of demoniac character. Your part of it may, perhaps, be ably sustained. Your way through the Canadas may be traced afar off by the smoke of their burning villages. Your path may be marked by the blood of their furious peasantry. You may render your course audible by the frantic shrieks of their women and children. But your own sacred soil will also be the scene of this drama of fiends. Your exposed and defenceless seaboard, the seaboard of the South, will invite a terrible vengeance."—*Gaston on the Loan Bill.*

CAUSE AND EFFECT.

"But its most fatal effects originate in its bearing on the moral and intellectual development of the community. The great principle of demand and supply governs the moral and intellectual world no less than the business and commercial. If a community be so organized as to cause a demand for high mental attainments, they are sure to be developed. If its honors and rewards are allotted to pursuits that require their development by creating a demand for intelligence, knowledge, wisdom, justice, firmness, courage, patriotism and the like, they are sure to be produced. But if allotted to pursuits that require inferior qualities, the higher are sure to decay and perish. I object to the banking system because it allots the honors and rewards of the community in a very undue proportion to a pursuit the least of all others favorable to the development of the higher mental qualities, intellectual or moral, to the decay of the learned professions and the more noble pursuits of science, literature, philosophy and statesmanship, and the great and more useful pursuits of business and industry. With the vast increase of its profits and influence, it is gradually concentrating in itself most of the prizes of life—wealth, honor and influence—to the great disparagement and degradation of all the liberal and useful and generous pursuits of society. The rising generation cannot but feel its deadening influence. The youths that crowd our colleges and behold the road to honor and distinction terminating in a banking house, will feel the spirit of emulation decay within them, and will no longer be pressed forward by generous ardor to mount up the rugged steep of science, as the road to honor and distinction, when perhaps the highest point they could attain in what was once the most honorable and influential of all the learned professions, would be the place of attorney to a bank."—*Calhoun.*

"There are enterprises, military as well as civil, which sometimes check the current of events, give a new turn to human affairs, and transmit their consequences through ages. We see their importance in their results, and call them great because great things follow. There have been battles which have fixed the fate of nations. These come down to us in history with a solid and permanent interest, not created by a display of glittering armor, the rush of adverse battalions, the sinking and rising of pennons, the flight, the pursuit, and the victory; but by their effect in advancing or retarding human knowledge, in overthrowing or establishing despotism, in extending or destroying human happiness. When the traveller pauses on the plain of Marathon, what are the emotions which most strongly agitate his breast? What is that glorious recollection which thrills through his frame and suffuses his eyes? Not, I imagine, that Grecian skill and Grecian valor were here most signally displayed, but that Greece herself was here saved. It is because to this spot and to the event which has rendered it immortal, he refers all the succeeding glories of the republic. It is because, if that day had gone otherwise, Greece had perished. It is because he perceives that her philosophers and orators, her poets and painters, her sculptors and architects, her governments and free institutions, point backward to Marathon, and that their future existence seems to have been suspended on the contingency whether the Persian or the Grecian banner should wave victorious in the beams of that day's setting sun. And as his imagination kindles at the retrospect, he is transported back to the interesting moment, he counts the fearful odds of the contending hosts, his interest for the result overwhelms him; he trembles, as if it were still uncertain, and seems to doubt whether he may consider Socrates and Plato, Demosthenes, Sophocles and Phidias, as secure yet to himself and the world."—*Webster's Plymouth Speech.*

APPENDIX II.

The following chapter on extrinsic topics and their use, from a distinguished French rhetorician, (Abbé Girard,) with some additions from our classic authors, will, it is thought, be not unacceptable to our young students of oratory.

Of the extrinsic topics, *the maxims received in society* hold the first place, as they have always been considered as the experience of ages expressed in words. Nothing indeed makes such an impression upon the audience. The celebrated argument of Cicero for Milo, "Est enim non scripta, sed nata lex," is of this kind. The following from Burke, on the Bristol election, may be a specimen of the modern use of this topic: "Look, gentlemen, to the whole tenor of your member's conduct. Try whether his ambition or his avarice have jostled him out of the straight line of duty, or whether that grand foe of the offices of active life—that master-vice in men of business—a degenerate and inglorious sloth, has made him flag and languish in his course. This is the object of our inquiry. If our member's conduct can bear this touch, mark it for sterling. He may have fallen into errors; he must have faults; but our error is greater and our fault is radically ruinous to ourselves if we do not bear, if we do not even applaud the whole compound, and mixed mass of such a character. Not to act thus is folly—I had almost said, it is impiety. He censures God, who quarrels with the imperfections of man."

APPENDIX II.

The *texts of authors*, the memorable sayings of wise men, statesmen, philosophers, poets, and orators, is another topic for which no examples are required, as there is scarce an oration that does not abound with them. It should, however, be laid down as a rule, that the young orator should use great discretion and ever be mindful of the respect he owes to himself and his audience; nor should they be long nor frequent.

Examples are of great weight in persuasion. They are more convincing to a mixed audience than any abstract reasoning, over which they have the advantage of being more easily understood and grasped at the moment of utterance. People have usually a distrust for abstract reasoning, because they regard it as invented for this particular case; but an example from history does not labor under such an imputation. Hence, it is frequently used by orators. Cicero for the Manilian law: *Majores.* Demosthenes, 3d Olynthiac: Και τοι σχεψασθε. Burke on conciliation with America: *Ireland before the English conquest.* Pinkney on the Missouri question: *But let us proceed to take a rapid glance.* Everett on American literature: *Here, then, the genial influence.*

Confessions or admissions of an adversary.—This topic not only means the words, but the actions of the opposing party. So Cicero for Roscius: *Quid ais, Eruci?* and for Ligarius: *Habes igitur.* Burke on American taxation: *The act of* 1767. Gaston on the loan bill: *Your seaman's bill.*

The foregoing topics belong to things or actions; those which belong to persons are thus enumerated by Quintilian:

1. *Birth:* as children are believed to be like their parents, and derive from them their virtuous or vicious tendencies.

2. *Nations:* for they have their peculiar governments, prejudices, and manners, and these give probable arguments for or against acts imputed to the inhabitants of a particular country.

3. *Sex:* for what is probable in a man may be very improbable in a woman, and *vice versa.*

4. *Age:* old men are noted for experience and wisdom; young men for activity and enterprise.

5. *Education:* for a man's conduct is naturally influenced by principles learned in youth.

6. *Habit of body:* a strong man may do many things a weak man cannot do.

7. *Fortune:* the poor man may be excusable from necessity, a plea of which the rich man cannot avail himself.

8. *Condition* or *Profession:* a high dignity may give a probable argument for innocence, where a low station might seem to be the very motive to guilt, and *vice versa.* A magistrate, a private individual, a father, son, brother, married, unmarried, citizen, foreigner, &c., may have very different motives for actions.

9. *Passions:* a man's known character for justice or injustice, for virtue or vice, often determines belief or disbelief in acts attributed to him.

10. *Way of living:* temperate or intemperate, frugal or expensive.

APPENDIX II. 157

11. *Power, eloquence, local influence,* are also to be considered, and men are to be judged accordingly.

The knowledge of these topics is not so necessary that one could not speak without them, but they are very useful to an inexperienced orator, as they often suggest thoughts, he might not otherwise have. Nor will they dispense with the exercise of his judgment; on the contrary, a severe and discriminating mind will often be required to select those only which are necessary and proper. Cicero, (Orat. n. 175,) thus gives his opinion on their utility: "With these topics fixed in his mind, and recalled on every subject of discussion, nothing can ever escape the orator. If he will endeavor to appear according to his wishes, and so move the minds of those before whom he may speak, to draw or force them whithersoever he pleases, he will certainly want nothing else for speaking."

It will be very advantageous to lay down some rules to aid the judgment of the youthful writer or orator in the selection of those arguments which should be used. And first, with regard to the extrinsic topics there can certainly be no difficulty, for they arise of themselves to the mind; and if the orator have the knowledge he should have, he will never fail, no matter what the subject, in a certain number of proofs, drawn from facts, authority, customs and laws. But what should be the extent of this knowledge? Cicero shall answer, (De Orat. c. 6.) "In my opinion, no one can be a perfect orator unless he shall know whatever is important in science and art, for from this knowledge the gift of oratory springs. Unless these be learned and known by the orator, his oratory will be empty and childish. I would not, however, impose so great a burthen on our orators, especially as they are engrossed in the occupations of our city life, as to lay down the rule that they should know everything, although the character of an orator and the profession of speaking well seem to undertake and promise a fluent and elegant discourse on every subject proposed."

With regard to intrinsic topics, there is more difficulty, for all the circumstances of a subject have not equal force with all hearers. Here especially does the orator show his art in the discretion with which he selects for his purpose those circumstances only which are favorable to his cause. Some rules may help much to this discretion.

1. The first we shall give in the words of Horace:

"Sumite materiam vestris qui scribitis aequam
  Viribus et versate diu, quid ferre recusent,
  Quid valeant humeri. Cui lecta potenter erit res,
  Nec facundia deserat hunc nec lucidus ordo."

Ars Poet.

It would be the height of folly to choose a subject beyond one's powers, and the attempt would be as surely rewarded with the ridicule that always accompanies a failure. He that gropes in darkness must necessarily meet with many mishaps. But an orator is not always at liberty to choose his subject. He must then study, if he can, or leave to another better instructed, the work that he would only spoil.

2. The second rule is, that, having chosen his subject, he must examine it in all its bearings. To this it will help much to accustom himself early to seek without help the natural reasons which recommend his choice. A serious meditation on this is the only useful, efficacious and rational manner of finding proofs. If constantly practised, even by ordinary talents, it will secure the most precious results. But for this, much previous labor and exercise are necessary.

3. Great models must be studied. "Youth," says the experienced Rollin, "must be particularly attentive to the proofs and reasons, whenever they examine a discourse or a work. They must separate these from all the surrounding splendor, which might dazzle their minds; they should weigh and consider them in themselves, examine if they are solid, if they are to the purpose, and are in their place. They should bring the whole series and economy of the discourse before their mind, and, after having explained it to themselves, they should be able to give an account of the author's purpose, and say at each place: Here he wishes to prove this, and he does so for these reasons."

4. If to this manner of studying the masters of eloquence they unite the good custom of making analyses, they will derive great profit. To make an analysis is to return to the study of a discourse, forming in the mind an exact miniature of it, abridging its proofs and rendering their series and connexion evident in a simple, correct and almost unornamented style. Such analyses give the mind a particular correctness, accustom it to

embrace subjects securely at a single glance, and familiarize it to order and method, two characteristics very precious and indispensable, but unfortunately too much neglected.

5. To these exercises might be very usefully added a written judgment on the general arrangement of the whole work analyzed, on the different parts that compose it, on the terms, expression and the ruling style. The advantage of this will soon be felt in the enlargement of the mind, the perfection of the taste, for it imprints in indelible characters on the memory the precepts of the art, and makes known their application. When the mind has thus imbibed the spirit of the great masters, it will find no great difficulty in discovering proofs and arguments, for genius will be inflamed, and the strongest and most fruitful will be elicited from the profound meditation on the subject.

This, then, is the whole secret of invention. No other way can make this part of rhetoric easy. Young writers, however, should not yield to the wanderings of a foolish imagination, but should be persuaded that they need nothing else but good sense and reflection in order to treat any subject thoroughly and find solid arguments. "Scribendi recte sapere est principium et fons."—*Ars Poet.* If they follow this advice, they will soon find their chief difficulty to be the selection from the many that will spontaneously arise. "The chief part of the orator's skill," says Anthony, in the 2d Book de Orat. (c. 7, § 308 and 309,) "is to determine how we should arrange what is to be used for proof and what for illustration; for many arguments occur which may seem profitable to our case. Some, however, are so weak that they should be despised, and some, though they help, are so mixed up with defects that the good to be derived from them is spoiled by the evil. Even of the useful and sound, if they be very many, as sometimes happens, the weakest, or those most like the best, should be laid aside; for when I collect my arguments I do not count them so much as weigh them." According to this wise rule of one of the best orators of antiquity, a prudent orator will not adopt every proof that presents itself, but will certainly reject, first, those which do not tend to prove his proposition; and secondly, those which, wanting consistence and solidity, would give the adversary an opportunity of throwing discredit on his cause. It may, however, sometimes happen, that the multitude of weak arguments, if judiciously thrown together, contributes much to the support of the proposition, especially if they are presented as in no manner necessary, but only indicative of what might be said. Since it is necessary to choose our arguments, it is but natural to wish to know by what characteristics we may find out those which are valuable. These characteristics are, first, that they should be proper to the subject, for every subject has its special character, nature and circumstances—its individuality, philosophers call it—and therefore should have proofs peculiar to itself. This characteristic, indeed, gives the proofs their true force; without it they mean nothing. Secondly. They should be proportioned to the capacity of the audience, for otherwise the main object of the orator, which is to instruct and please, would be altogether lost. Yet a false idea of perfection and a perverted taste often render a great many orators unintelligible. What is the use of these high sounding phrases, these sublime figures, if no one, or at least but few, can understand them? Thirdly. They should be in harmony with the dispositions of the audience. The best means are not always the strongest. Times, places, events, opinions even and prejudices can influence minds even better than the strongest arguments. An able orator should know his audience, and from this knowledge argue the best manner of taking them. His success depends in a great measure on his knowledge of the passions and prejudices of his hearers. One of the best examples of this is in the oration of Cicero against Rullus and the Agrarian law.

The study of excellent orators, and particularly of Demosthenes, teaches us that eloquence consists more in pushing briskly what may interest or move, or what is to the point, than to express sublime ideas in beautiful and harmonious language. The young orator should consider this the principal character of his proofs. If they be philosophical or abstract, or foreign to the persons or interests of the audience, they may be dressed in elegant language, but they will be a *brutum fulmen*, of little use except to feed the vanity of the speaker and render his cause less likely to be victorious. The proofs that are personal to the audience are always satisfactory and pleasing, even though they may want something of that grace which skill and learning may use in presenting them.

The proofs should neither be far-fetched nor trivial. The former show affectation, a vice always held in aversion by a sensible audience; the latter excite disgust and weariness. However, it is not necessary that they should be new; the manner only, in which they are presented, should be so.

Finally, it is an infallible means of success to place ourselves in the place of the audience, and, from the effects on our own minds, judge of the impression that will be made on them.

EXAMPLES OF TROPES AND FIGURES.

METAPHOR.

"I gaze, but they have vanished! and the eye,
Free now to *roam* from where I take my stand,
Dwells on the *hoary* pile. Let no *rash* hand
Attempt its desecration."—*H. Pickering.*

SYNEDOCHE.

"Full many a throb of grief and pain
    Thy frail and erring *child* must know,
But not *one prayer* is breathed in vain,
    Nor does *one tear* unheeded flow."—*A. Norton.*

METONYMY.

"There is still an enemy that exists to check the glory of these triumphs. It follows the *conqueror* back to the very scene of his ovations; it calls upon him to take notice that *Europe*, though silent, is yet indignant; it shows him that the *sceptre of his victory* is a barren sceptre; that it shall *confer* neither joy nor honor, but shall moulder to dry ashes in his grasp."—*Webster.*

To the Mocking Bird.—Autonomasia.

" Winged *mimic of the woods!* thou, motley fool,
   Who shall thy gay buffoonery describe?
Thine ever-ready notes of ridicule
   Pursue thy fellows still with jest and gibe.
Wit, sophist, songster, *Yorick* of thy tribe,
   Thou sportive satirist of nature's school,
To thee the palm of scoffing we ascribe,
   Arch-mocker and mad *abbot of misrule!*"

                              R. H. Wilde.

Catachresis.

" His ear no longer *drinks* in the *rich* melody of music; it *longs* for the trumpet's clangor and the cannon's roar. He has been *taught to burn* with restless emulation at the names of great heroes and conquerors."—*Wirt.*

Allegoria.

"Were not my birthright brighter far
   Than such voluptuous slaves' can be—
Held not the West one *glorious star,*
   New-born and blazing for the free—
Soared *not to heaven our eagle yet,*
   Rome with her Helot sons should teach me to forget."

                                      Willis.

Hyperbole.

"We are fighting a great moral battle for the benefit not only of our country, but of all mankind. *The eyes of*

APPENDIX II. 165

the whole world are in fixed attention upon us. One, and the largest portion of it, is gazing with contempt, with jealousy and with envy; the other portion, with hope, with confidence and with affection."—*Clay.*

IRONY.

"But I beg the gentleman's pardon; he has indeed secured to himself *a more imperishable fame* than I had supposed. I think it was about four years ago that he submitted to the House of Representatives an initiative proposition for an impeachment of Mr. Jefferson. The House condescended to consider it. The gentleman debated it with his *usual temper, moderation and urbanity.* The House decided upon it *in the most solemn* manner; and although the gentleman had somewhat obtained a second, the final stood one for, and one hundred and seventeen against the proposition!"—*Clay.*

REPETITION.

"*Do gentlemen* hold the feelings and wishes of their brethren at so cheap a rate that they refuse to gratify them at so small a price? *Do gentlemen* value so lightly the peace and harmony of the country that they will not yield a measure of this description to affectionate entreaties and earnest remonstrances of their friends? *Do gentlemen* estimate the value of the Union at so low a price that they will not make even one effort to bind the States together with the cords of affection?"—*Hayne.*

CONVERSION—ALLEGORY.

"In this tremendous day of national agitation and jeopardy, will these men, or the sons of these men, be found wanting? *They will not.* We are all embarked in one great national vessel, bound on one great and, we hope, long and prosperous voyage. Will they, in the night of storm, throw overboard our share of the cargo with the vain hope of preserving their own? We know *they will not.* Will they on some lee-shore scuttle the ship to terminate the voyage? Will they, in the hour of assailment or battle, pull down the colors and give up the ship. We say, we know, *they will not.*"—*Burgess.*

COMPLEXION.

"But *are we sure* of gaining this point? *We are not. Are we sure* of gaining any other advantage? *We are not. Are we sure* of preserving our privileges? *We are not. Are we* under the necessity of pursuing the measure proposed at this time? *We are not.*"—*Dickinson.*

CONDUPLICATION.

"*Fortunate, fortunate man!* with what measure of devotion will you not thank God for the circumstances of your extraordinary life?"—*Webster.*

"I appeal *to the South, to the* high-minded, generous and patriotic *South,* with which I have so often co-operated in attempting to sustain the honor and vindicate the rights of our country."—*Clay.*

SYNONYMIA.

"Yet we have had to *beg, entreat, supplicate* you, session after session, to grant the necessary appropriations to complete this road. I have myself *toiled,* until my powers have been *exhausted* and *prostrated,* to prevail on you to make the grant."—*Clay.*

APPENDIX II.

POLYSYNDETON.

"We shall have neutrality soft *and* gentle *and* defenceless in herself, yet clad in the panoply of her warlike neighbors; with the frown of defiance on her brow and the smile of conciliation on her lips; with the spear of Achilles in one hand and a lying protestation of innocence and helplessness unfolded in the other."

GRADATION.

"It is in this path that we see the real victims of *stern, uncharitable, unrelenting* power. It is here that no *innocence*, no *merit*, no *truth*, no *services* can save the unhappy sectary who does not believe in the creed of those in power."—*Bayard.*

ASYNDETON OR DISSOLUTION.

"Need I remind you of the glorious scenes in which they (Western men) participated during the late war—a war in which they had no particular interest, waged for no commerce, no seamen of theirs? They flew to arms; they rushed down the valley of the Mississippi with all the impetuosity of that noble river. They sought the enemy; they found him at the beach; they fought; they bled; they covered themselves and their country with immortal glory."—*Clay.*

ADJUNCTION.

"It is a most serious calamity for a man of high qualifications for usefulness and delicate sense of honor, to be driven to such a crisis; yet should it become inevitable, he is *bound to meet* it like a man, *to summon* all the energies of his soul, *rise* above ordinary maxims, *poise* himself on his own magnanimity, and *hold* himself responsible only to his God."—*Dexter.*

ANTITHETON—PARONOMASIA.

"The *lopped* tree in time may *grow again,*
  Most *naked* plants renew both *fruit and flower;*
The *sorest* wight may find *release* of pain,
  The *driest* soil drink in some *moistening* shower.
Times go by *turn,* and *chances change* by course
From *foul to fair,* from *better hap to worse.*"

Southwell.

The remaining figures of words are foreign to our language, and are only modifications, more or less marked, of those of which examples are already given.

FIGURES OF SENTENCES.

Interrogation and reply and subjection are so common that it is deemed useless to cite any examples. Scarcely an orator, or indeed a writer in any kind of animated writing, can be found, who does not frequently use them. They help also much in bringing forward other figures, as will be easily seen from the following examples.

ANTICIPATION.

"I shall be told perhaps that you can have no temptation to do all or any part of this; and moreover, that you can do nothing of yourselves, or, in other words, without the concurrence of the new State. It is enough for me to prove the vastness of the power as an inducement to make us pause upon it, and to inquire with attention, whether there is any apartment in the Constitution large enough to give it entertainment. It is more than enough for me to show that vast as is this power, it is with reference to mere Territories an irresponsible power."—*Pinckney.*

CORRECTION.

"Right, did I say, sir? The expression is inaccurate. Once indeed there did exist in this House the right of free discussion. It was once deemed a constitutional privilege for every member to bring forward any proposition he deemed beneficial to the country, and support it by whatever arguments he could adduce."—*Gaston.*

DOUBT.

"How, my fellow-citizens, shall I single to your grateful hearts his pre-eminent worth! Where shall I begin in opening to your view a character throughout sublime? Shall I speak of his warlike achievements, all springing from obedience to his country's will? all directed to his country's good?"—*H. Lee.*

COMMUNICATION.

"What then, let me ask you, would be the astonishment and indignation of a jury if the public prosecutor informed them that, notwithstanding these atrocities were unatoned for and perhaps likely to be repeated, yet it was expedient to sacrifice those gallant adventurers to her resentment? Would they not by their verdict teach the government to answer thus to such an insolent demand on the part of Spain? Before you ask the sacrifice of American citizens, restore those you have carried away."—*T. A. Emmett.*

PERSONIFICATION.

"Let me suppose that the genius of Columbia should visit one of them in his oppressor's prison and attempt to reconcile him to his forlorn and wretched condition. She would say to him, in the language of the gentlemen on the other side: 'Great Britain intends you no harm; she did not mean to impress you, but one of her own subjects, having taken you by mistake. I will remonstrate and try to prevail upon her by peaceable means to release you; but I cannot, my son, fight for you!' If he did not consider this mere mockery, the poor tar would address her judgment and say: 'You owe, my country, protection.'"—*Clay.*

APOSTROPHE.

"Oh! human nature, how hast thou been traduced! With thee, it has been said, is essentially connected that lust of power which is insatiable. Here we behold thee allied to virtue, worn in the service of mankind, superior to the meanness of compensation, humbly hoping for the thanks of thy country alone, faithfully surrendering the sword with which thou wast entrusted, and yielding up power with promptness and facility equalled only by the diffidence and reluctance with which thou receivedst it."
—*Minot.*

HYPOTYPOSIS—VISION.

"Come, widowed mourner, here satiate thy grief. Behold thy murdered husband gasping on the ground and, to complete the pompous show of wrethedness, bring in each hand thy infant children to bewail their father's fate. Take heed, ye orphan babes, lest while your streaming eyes are fixed upon the ghastly corpse, your feet slide on the stones bespattered with your father's brain! Enough; this tragedy must not be heightened by an infant weltering in the blood of him that gave it birth."— *Warren.*

ETHOPOEIA.

"With all this we ought to contrast the numerous and hardy sons of America, inured to toil, seasoned alike to heat and cold, hale, robust, patient of fatigue, and, from their ardent love of liberty, ready to face danger and death."— *W. Livingston.*

See also Grattan's character of Lord Chatham.

APOSIOPESIS.

"One million and a half of dollars annually is transferred for the public lands alone. Almost every dollar goes, like him who goes to death, to a bourne from which no traveller returns. In ten years it will amount to fifteen millions; in twenty to——but I will not pursue the appalling results of arithmetic."—*Clay.*

SUSTENTATION.

"But, ah! him, the first great martyr in this great cause! him, the premature victim of his own self-devoting heart! him, the head of our civil councils, and the destined leader of our military bands; whom nothing brought hither but the unquenchable fire of his own spirit! him, cut off by Providence in the hour of overwhelming anxiety and thick gloom; falling ere he saw the star of his country rise; pouring out his generous blood like water, before he knew whether it would fertilize a land of freedom or of bondage! How shall I struggle with the emotions that stifle the utterance of thy name? Our poor work may perish, but thine shall endure."—*Webster.*

PRAETERMISSIO.

" I would not make the payment of our debts to depend upon the poverty of our creditors. No, sir, I would not say to the heroes who fought our battles, and in the dark hour of our adversity wrought out our political salvation, and to whom we delivered only tattered rags and called them in mockery payment for their services; men, whose disinterested achievements are not transcended in all the annals of chivalry, and who for us confronted horrors not surpassed in all the histories of all the martyrs—to these men, of honor most cherished and sentiments most exalted—our fathers, the authors of our being—I would not now say, come before us in the garb of mendicants; bow your proud spirits in the dust; tear open the wounds of the heart, which you have concealed from every eye, and expose your nakedness to a cold, unfeeling world, and put all upon record as a perpetual memorial of your country's ingratitude; and then we will bestow a pittance in charity!"—*Sprague.*

LICENTIA.

"I have no hesitation in saying that could a balance be struck, with an exclusive eye to the creditor, of profits and loss, notwithstanding his power over the debtor's body and the myriad instances in which it has been exercised, that he himself has been greatly loser—disregarding entirely the sufferings of the imprisoned as well as the infinite injury to society. And here, sir, I would hazard a general remark. It may be advanced as an unquestionable truth that crimes are multiplied in every community where the infamy attending their perpetration is lessened by the circumstance that their punishment is common to misfortune as well as to guilt."—*Barbour.*

Concession.

"We are next told of the danger of war? I believe we are all ready to acknowledge its hazard and accidents; but I cannot think we have any extraordinary danger to contend with, at least so much as to warrant an acquiescence in the injuries we have received; on the contrary, I believe no war can be less dangerous to internal peace or national existence."—*Calhoun.*

Irony.

"How exceedingly fortunate we are in having the advice of this learned and sagacious lawyer upon constitutional questions! But for the light which has been shed from his luminous mind on this benighted majority, we should have been left to grope our way in the dark at this important crisis! A 'Daniel has come to judgment'—a doctor well learned in the law, with a head filled with constitutional lore, who can show us satisfactorily that to refund a fine, assessed most unjustly, illegally and iniquitously, upon one of the noblest defenders of the country in her hour of peril, is a palpable violation of the Constitution!"—*Weller.*

Such are all the figures which the genius of our language will admit in composition. Even in these our use must be governed by moderation and discretion. Quintilian calls them the eyes of a discourse, but it is unnatural to have eyes all over the body. Aristotle calls them flowers, but a field covered with flowers, though pleasing at the first sight, would soon displease from the very excess. Beautiful things must not be too often looked at nor crowded together; otherwise they lose the power of pleasing.

Figurative language must also have its foundation in the subject. Longinus, whose maxims in this as well as other parts of criticism have received the sanction of ages, says that a discourse, in which the figures have not their source and foundation in the very nature of the subject, is more likely to excite ridicule or indignation against the writer or orator than to inspire admiration for his talents. The figure must give relief to the thought, and the thought must take away from the figure all that seems artificial or deceptive. Simplicity, which is the seal of genius, disappears when figures are profusely used when they do not suit the subject, when they are not to the purpose, or scattered about as if by chance and without understanding. Far from embellishing style, they spoil it, and make it childish and affected. Such is unhappily the bad taste of too many of our modern authors.

INDEX

LIBRORUM ET CAPITUM

RHETORICÆ.

CAPUT UNICUM.

	Pag.
De Apparatu, seu de iis, quæ universim ad Artem Rhetoricam pertinent	5
Natura, et finis Rhetoricæ	5
Materia Rhetoricæ	6
Subsidia Rhetoricæ	7
Partes Rhetoricæ	10

LIBER PRIMUS.

De prima parte Rhetoricæ, seu de Inventione	11

CAPUT PRIMUM.

De Argumentis	11
Definitio	13
Notatio	14
Conjugata	15
Enumeratio Partium	15
Genus, Forma	16
Similitudo	16
Dissimilitudo	17
Comparatio	17
Repugnantia	19
Adjuncta	21
Antecedentia, Consequentia	26
Causa	27
Effecta	28
Loci Extrinseci	29
Usus Locorum	32
Modus variandi Argumenti	34

CAPUT SECUNDUM.

	Page.
De Argumentatione.	37
Syllogismus	37
Ratiocinatio	38
In Ratiocinatione cautio	39
Enthymema	40
Collectio	41
Sorites	42
Dilemma	43
Epicherema	43
Inductio	43
Argumentationum usus ac venustas	44
Transitio	46
Digressio	47

CAPUT TERTIUM.

De Amplificatione	47
Amplificatio Verborum.	48
Amplificatio rerum per Incrementum	49
Amplificatio rerum per Comparationem	49
Amplificatio rerum per Ratiocinationem	50
Amplificatio rerum per Congeriem	50
Usus Amplificationis, et quomodo differat ab Argumentatione	52

CAPUT QUARTUM.

De Inventione in particulari.	53
De iis quæ speciatim pertinent ad Inventionem in genere Demonstrativo	53
De iis quæ speciatim pertinent ad Inventionem in genere Deliberativo	56
De iis quæ speciatim pertinent ad Inventionem in genere Judiciali	57

APPENDIX II.

LIBER SECUNDUS.

	Page.
De Secunda parte Rhetoricæ, seu de Dispositione......	60

CAPUT PRIMUM.

De Exordio............	62
Exordium legitimum..............	62
Exordium abruptum............	64
Insinuatio............	64
Virtutes Exordii............	68
Vitia Exordii............	69
Artificium Exordii............	69

CAPUT SECUNDUM.

De Narratione............	71
Quid Narratio, et Quotuplex............	71
Prima virtus Narrationis, seu Probabilitas............	72
Secunda virtus Narrationis, seu Brevitas............	73
Tertia virtus Narrationis, seu Perspicuitas............	74
Quarta virtus Narrationis, seu Suavitas............	74
Narrationis Figuræ............	74

CAPUT TERTIUM.

De Contentione............	76
Propositio............	76
Confirmatio............	77
Confutatio............	77

CAPUT QUARTUM.

De Peroratione............	82
APPENDIX. De Artificio componendæ Orationis.........	84

LIBER TERTIUS.

De Tertia parte Rhetoricæ, seu de Elocutione............	86

CAPUT PRIMUM.

De Tropis in uno verbo............	87
Metaphora............	87
Synecdoche............	89
Metonymia............	90
Antonomasia............	91
Catachresis............	91
Metalepsis............	92

CAPUT SECUNDUM.

De Tropis in pluribus verbis, seu in Oratione............	92
Allegoria............	92
Hyperbole, Ironia............	94

CAPUT TERTIUM.

De Figuris Verborūm.. 95

CAPUT QUARTUM.

De Figuris Sententiarum.. 102
Interrogatio, et Responsio 102
Subjectio... 104
Occupatio, seu Prolepsis... 105
Correctio, Dubitatio... 106
Communicatio.. 107
Prosopopœia.. 107
Apostrophe.. 109
Hypotiposis.. 109
Ethopœia... 110
Aposiopesis.. 111
Emphasis, Sustentatio.. 111
Prætertio... 112
Licentia... 113
Concessio.. 114
Parenthesis, Ironia.. 115
Permissio... 116
Distributio... 116
Deprecatio, Execratio.. 117
Epiphonema.. 118
Exclamatio.. 118

CAPUT QUINTUM.

De Suavitate Elocutionis... 119
Numerus Oratorius.. 119
Pedes Oratorii Numeri... 120
Incisum... 121
Membrum.. 121
Periodus.. 122
Varium Dicendi genus.. 125

CAPUT SEXTUM.

De Quarta parta Rhetoricæ, seu de Memoria............... 126

CAPUT SEPTIMUM.

De Quinta parte Rhetoricæ, seu de Pronunciatione..... 127
Pars prima Pronunciationis, seu Vox.......................... 127
Pars secunda Pronunciationis, seu Gestus.................. 128
Appendix I.—English examples of Topics.................. 131
     " II.—Use of Topics... 154
         Examples of Tropes and Figures................... 163

LIST OF STANDARD SCHOOL BOOKS,
Published by MURPHY & CO.
182 Baltimore street, Baltimore.

Kerney's First Class Book of History...........................	$0 35
———— Compendium of Ancient and Modern History............	1 25
———— Abridgment of Murray's Grammar and Exercises.......	25
———— Introduction to Columbian Arithmetic......................	20
———— Columbian Arithmetic...................................	50
———— Key to do.	40
Murray's English Grammar—complete..............................	40
———— English Reader—18mo..	35
Catechism of Scripture History, revised by M. J. Kerney, A. M...	75
Catechism of Ecclesiastical History................................	30
Sestini's Elements of Algebra...	75
———— Treatise on Algebra..	1 00
———— Treatise on Analytical Geometry............................	1 50
Lingard's History of England, Abridged by Burke..............	1 50
Fredet's Ancient History..	1 50
———— Modern History...	1 50
The North American Spelling Book, designed for Elementary Instruction in Schools,—an improvement upon all others..	18

☞ Universally conceded to be the BEST, and the CHEAPEST Spelling Book published.

LATIN.

Ruddiman's Latin Grammar, (the cheapest and best published,)...	75
Ars Rhetorica—Auctore, R. P. MARTINO DU CYGNE, Soc. Jesu. Editio Secundus Americana. In Usum Collegii Georgeopolitani, S. J..	75

GREEK.

Wettenhall's Greek Grammar—Rudiments of the Greek Language, arranged for the Students of Loyola College, Baltimore...	75

Murphy & Co's List of Standard School Books.

GERMAN.

A B C und Buckstabir und Lesebuch.....................................	$0 12
Biblische Geschichte des Alten und Neuen Testamentes............	44
Katholischer Katechismus..	34
Kleiner Katechismus...	8
Fibel fur die lieben Kleinen, gebraucht in den Schulen der deutschen Schulschwestern unserer lieben Frau..........	16
Lesebuchlein fur die lieben Kleinen, gebraucht in den Schulen der deutschen Schulschwestern unserer lieben Frau...	14

SPANISH.

Elementos de Sicologio, Elements of Psychology.................	75
Pizarro's Dialogues, Spanish and English..........................	1 00
Silabario Castellano, Uso de los Ninós—do. Uso de las Ninás.	15

PENMANSHIP.

Gillespie's Progressive System of Penmanship, in 6 Numbers, with Steel Plate Copies at the Head of each Page. $1 50 net per dozen.

This New and Complete system is designed to lead the pupils from the first principles in Penmanship to a free, open, and practical style of writing, adapted to general business purposes, is well worthy the attention of teachers.

Irving's Catechisms—Botany—Grecian History—Grecian Antiquities—Roman Antiquities. Price per doz. $1 35 net.

School and Classical Books, Paper, Stationery, &c.

Their stock of School Books embraces, in addition to their own, nearly all the Publications of the leading Publishers in the United States, comprising every variety of Primers, Spellers, Readers, Grammars, Arithmetics, Geographies, Histories, Dictionaries, etc.; also, Works on Elocution, Algebra, Geometry, Trigonometry, Astronomy, Botany, Chemistry, Geology, and Mineralogy, Philosophy, Rhetoric, and Logic, Book-keeping, Penmanship, etc., etc., together with all the leading Text-Books in Latin, Greek, French, Spanish and German—nearly all of which they are prepared to supply at *Publishers' wholesale prices.*

Their Stock of *Paper, Stationery, and School Requisites* generally, comprises every variety, all of which they are prepared to sell at the lowest current rates.

MURPHY & CO., *Publishers and Booksellers, Baltimore.*

www.ingramcontent.com/pod-product-compliance
Lightning Source LLC
Chambersburg PA
CBHW032156160426
43197CB00008B/936